Dieses Buch will Kenntnis geben davon,
wie man auch als Mann der Wirtschaft und ihrer Materialität,
als Manager und Familienvater,
in der immer neuen Gelebtheit des Alltags von Familie und Beruf,
mit allen Pflichten und Verpflichtungen an Liebe und Leistung,
dennoch Zeuge sein und Zeugnis geben kann von der Welt des
Geistes und ihren Signaturen an Spiritualität im täglichen,
tätigen Leben des Menschen und seinem Werk und Wirken,
seinem Sein und Werden.

Inhalt

Ich danke von ganzem HerZen,

all jenen, denen ich begegnen durfte, für alles,
was ich von ihnen lernen konnte und anzunehmen bereit war,
den Genannten und ebenso den Ungenannten.
Sie alle sind meine Inspiration, Weg-Begleiter, Sinn-Geber,
Teil meiner Geschichte und Geschichten geworden.
Sie schenkten mir den Stoff für die Worte, die Gestalten für die Bilder,
zitierten und fotografierten.
Auch hier finden sich Genannte und Ungenannte.
Letztere mögen mir verzeihen,
wenn ich zur Wurzel ihrer Urheberschaft nicht vorzudringen vermochte,
und so bin ich offen und dankbar für jegliche Auffrischungen,
die zu kreditieren ich mich schon jetzt auf die nächste Auflage freue.

Einleitung:

Was ist Zen?

Zen, das japanische Wort für „Meditation“ oder „Versenkung“, kommt von chinesisch CH'AN und das wiederum von Sanskrit DHYANA. Damit ist auch der Weg dieser Übung angesprochen: Vom geschichtlichen Buddha in Indien und dessen aus vielerlei Bildern und Statuen bekannten Haltung, die ihn unter dem Bodhi-Baum zur Erleuchtung führte, über den legendären Bodhidharma, der diese als erster Patriarch des Zen von Indien nach China brachte und dort die bekannten neun Jahre in der Höhle saß, bis hin zu all den Klöstern, Tempeln und Meistern im heutigen Japan führt der WEG, japanisch: DO.

Über diesen Weg, seine zahlreichen Weg-Bereiter und Weg-Begleiter, die es mittlerweile auch bei uns im Westen gibt, wurde schon viel gesprochen und geschrieben. Daher soll dieses Buch nicht einfach noch ein weiteres Zen-Buch sein, sondern berichtet vielmehr ganz konkret und persönlich vom Übungsweg des Autors durch die eigene Gelebtheit der letzten dreißig Jahre. Diese Einführung will lediglich vorab zu einem etwas besseren Verständnis der Thematik auch aus allgemeiner Sicht beitragen, das an Hand der Literaturübersicht nach Belieben erweitert und vertieft werden kann.

Zen ist zwar ein religiöser, ein spiritueller Weg, aber keine Religion. Zen gründet zwar im Buddhismus und verbindet buddhistische Metaphysik mit taoistischer Naturmystik, ist jedoch selbst transkonfessionell und transkulturell. Zen ist keine Theologie oder Philosophie, sondern eine Lebenshaltung, eine Übung, eine Methode, ein Weg zu Mehr-Mensch-Sein, zur wahren Menschlichkeit. Zen vermittelt keinen Glauben, kein Dogma, kein theoretisches Wissen, sondern einen Übungsweg zur Reinigung von Herz und Geist in Handlung und Haltung. Zen ist transrational und translogisch und damit intellektuell nicht erfaßbar, sondern nur existentiell vollziehbar. Zen dient der Vorbereitung der „Großen Erfahrung“, jener mystischen Wirklichkeit von Kensho (Wesensschau) oder Satori (Erleuchtung), die gemeinhin als Ziel der Zen-Übung angesprochen wird. Ein solches darf es aber eigentlich gemäß der Absichtslosigkeit und Selbstlosigkeit im Sinne der Ich-Überwindung des Zen und seiner Praxis gar nicht geben. Die „Erfahrung“ kann deshalb auch nicht herbeigeführt werden – und sei es durch noch so intensives Üben. Sie ist ein Geschehnis, das dem Menschen günstigenfalls, vielleicht als „Gnade“, widerfährt auf diesem Weg der Wandlung und wofür er sich durch eigenes Bemühen, eben insbesondere in der meditativen Übung des ZaZen, nur vorbereiten kann, um sich ergreifen zu lassen. Man darf diese Erfahrung nicht suchen, nicht erwarten, nicht erhoffen, man kann sich höchstens von ihr suchen – finden – erfassen lassen.

Wo diese Erfahrung in einem Menschen stattgefunden hat, da formt und prägt sie Ausdruck und Haltung, bis sie im Leben und Sein des Einzelnen vollkommen integriert und dann in seiner Erscheinung nicht mehr verkennbar ist. Das gilt vor allem für das Bild, das ein anderer Erfahrener von ihm gewinnt. Es geht dann gegenseitig nur noch um die praktische Gelebtheit der Erfahrung, unabhängig von theoretischem Wissen welcher Quellen auch immer. Zwar müssen die Grenzen des Intellekts auch im Zen ausgeschritten werden, doch kann man Zen eigentlich nicht kennen, lesen, lehren oder gelehrt bekommen.

Es zählt nur das gezeigte, gezeitigte, gelebte Vor-Bild, das zur je eigenen Erfahrung führt. Auch wenn es ein weiter, ein sehr weiter Weg sein mag bis hin zum „Denken des Nicht-Denkens“, es ist ein Weg, auf dem es kein Zurück gibt, sondern immer nur das Vorwärtsschreiten zählt. „Der Weg ist das Ziel“, lernen wir schon bei Laotse, und: „Das Alltägliche ist der Weg.“

Zen führt auf den weglosen Weg, auf dem allein man in die absolute Ausweglosigkeit eintreten kann. Dabei erfährt man in der Raum-Zeit- und Zeichen-losen Leerheit von „Shunyata“ (nach

Nagarjuna) in „Sabishisa“ die Abwesenheit von Dingen, die nie waren und uns doch aus unserem Denken heraus den Blick verstellen für die Erwartungslosigkeit der eigenen Erfahrung, die immer möglich ist.

Zen ist auch ein Weg, zurückzufinden „zu unserer ursprünglichen Natur, zu unserer Mondschein-Natur, zu unserer Kirschblüten-Blätter-Fall-Natur, zu unserer Schneeflocken-Schmilz-Natur, zu unserer Buddha-Natur“ (zitiert nach Hungerleider). Zen führt zur Heimkehr, zur Einkehr im hauslosen Haus, in dem wir zu Hause sind – daheim im allgegenwärtigen Heim zeitlos gezeitigter, sich gezeigter Heimat, in der Wirklichkeit zeitfreier, raumübergreifender Lern-, Wirk- und Werkstatt des ewigen Jetzt. Alles Leben ist Zen, wie Nagaya sagt. Zen ist ein potenziert-potentieller Weg. Was ist das? Eine Lawine – aufwärts! Was bedeutet das? Zen führt direkt hinein in die Logik des Widersprüchlichen, die nur von innen heraus transzendiert werden kann und damit die Rätselhaftigkeit allen Seins erklärlich und erträglich macht.

Zen-Kreis von Prof. Nagaya

Kapitel 1

Frankfurter Ring (Fritz Kroeger), Rütte (Karlfried Graf Dürckheim) und Pater Hugo Enomiya Lassalle

Zen – ein Zauberwort? So beginnt der deutsche Text von Fritz Kroeger zur Einführung in das „Livre Zen“ von Jacques Decaux. 1970 erschienen in der Edition Monika Beck, kombiniert es jeweils zehn Original-Tuschzeichnungen mit chinesischen Schriftzügen und präsentiert damit Zen-Kunst in moderner graphischer Gestalt – „pour inciter à la meditation“, wie der Autor sagt. Mit Kroegers Worten wird der Betrachter dem Werk nur dann gerecht, „wenn er alle eigenen Gedanken ausschaltet, wenn er nichts verlangt, alles vergißt, ganz leer, ganz frei wird, so daß alle Schwingungen, alle Töne, alle Akkorde, auch alle Dissonanzen in ihn eindringen, einströmen können. Nach der Betrachtung ist er ein Anderer, ein Verwandelter, vielleicht ...“.

Nur wenig früher, im Jahr 1969, hatte Fritz Kroeger den „Frankfurter Ring e.V.“ als gemeinnützige „Gesellschaft zur Pflege der Philousia“ gegründet, zu deren Vorstand neben ihm der früh verstorbene Nervenarzt Dr. Olaf Matthey und der Autor Dr. Peter Zürn gehörten. Aufgabe der Veranstaltungen des Vereins sollte es sein, „Kräfte in den tiefen Schichten des Menschen zu erschließen, die oft durch Erziehung und Lebensweise und nicht zuletzt durch die technisch-industrielle Umwelt verschüttet sind, die aber bei voller Entfaltung den Menschen befähigen können, sein Leben sinnvoller und fruchtbarer für sich und andere zu gestalten“.

Schon durch die Gestaltung der frühen Prospekte mit Abbildung von Zen-Zeichen sowie dem Garten eines Zen-Klosters kam die stark meditative Orientierung der damaligen Zeit zum Ausdruck, in der auch Fritz Kroeger selbst wöchentliche Abende der

Garten eines Zen-Klosters

Stille-Übung leitete. Dafür sprachen auch die Namen damaliger Vortragender wie Karlfried Graf Dürckheim, Hugo Enomiya Lassalle S.J., Tetsuo Kiichi Nagaya, Lama Anagarika Govinda, Philip Kapleau, Raimon Panikkar, P. Cyrill von Krasinski und Francois-Albert Viallet (Soji Enku). Für letzteren hatte der "Frankfurter Ring" sogar im Westend eine Bleibe mit Zendo eingerichtet, die sich allerdings nach seinem frühen Tod (1977) bald wieder auflöste. Ständiger Gast blieb insbesondere und immer wieder Graf Dürckheim mit seinen zahlreich besuchten „Frankfurter Tagen", die schließlich im Ballsaal des Hotels Intercontinental abgehalten werden mußten – in einer Mischung aus Vortrag, Dialog und praktischer Übung. Von besonderer Eindrücklichkeit war sein letzter Vortrag im Juni 1983 zum „Menschen als Bürger zweier Welten", den er schon fast vollkommen erblindet ganz aus der Tiefe seiner Lebens- und Seinserfahrung gestaltete, bevor er 1987 nach zuletzt noch schwerer Krankheit im 92. Lebensjahr verstarb. Auch Fritz Kroeger war es durch seinen Tod im Frühjahr 1989 nicht mehr vergönnt, die 20-Jahr-Feier „seines" "Frankfurter Rings" mitzuerleben.

Eine 30-Jahr-Feier hatte schon zuvor 1981 in Todtmoos stattgefunden zur Erinnerung an die Gründung der „Existential-psychologischen Bildungs- und Begegnungsstätte" in Todtmoos-Rütte durch Professor Dr. Karlfried Graf Dürckheim und Dr. Maria Hippius, spätere Gräfin Dürckheim. Zu Ostern 1970 hatte mich der Weg zum ersten Mal nach Rütte geführt, wo im Hippius-Haus eine kleine Feier mit Gästen und Mitarbeitern und sehr vielen Kerzen stattfand. Auf diese und die Gefahr für das alte Schwarzwälder Holzhaus zu achten, verpflichtete mich Maria Hippius spät in der Osternacht, als sie sich entfernte. Zuvor schon hatte mich Graf Dürckheim auf sehr realistische Weise mit seiner Lehre von der Kraft des Hara vertraut gemacht, wozu ich seine Stöße in Bauch und Rücken in entsprechend gefestigter Haltung auffangen mußte.

Als Vorstandsmitglied des „Frankfurter Rings" kam ich zwangsläufig mit der Fördergesellschaft für Rütte in Kontakt und Verantwortung und konnte ab 1970 zum Bau der Zendo mit beitragen, die dann 1972 am Sonntag nach Ostern eingeweiht wurde. Ein schöner, authentischer Raum, mit echten japanischen Tatami-Matten ausgelegt, wo von da an in der Frühe die regelmäßigen Meditationen „im Geiste des Zen" stattfanden, wie Dürckheim bescheiden formulierte, und die er meist selbst persönlich leitete und begleitete.

Was bei dem damaligen Einbau der Zendo im Kaupp-Haus leider nicht beachtet wurde, war der warnende Hinweis auf das deutsche Haus- und Grundstücksrecht, wodurch der Raum trotz aller gutwillig für Dürckheim und Rütte aufgebrachten Spenden schließlich den damaligen und späteren Eigentümern zufiel und trotz aller früheren Beteuerungen nicht mehr verfügbar war. So entstand später im Grueber-Haus eine neue Zendo, die allerdings nicht über die klassische japanische Einrichtung mit Tatami verfügte.

Schon früh nach der Rückkehr aus diplomatischem Dienst in Japan war 1950 das erste Buch von Dürckheim, „Japan und die Kultur der Stille" im O. W. Barth Verlag bei Ursula von Mangoldt veröffentlicht worden. Dort war noch früher der erste Zen-Klassiker von Eugen Herrigel erschienen: „Zen in der Kunst des Bogenschießens", worin der Autor auch eine Meisterschaft erreicht hatte.

War dies bei Dürckheim nicht der Fall, so hat er es allerdings auch nie beansprucht. Seine Stärke lag sicher in der Vermittlung japanischen und Zen-orientierten Gedankenguts in Wort und Schrift sowie in Meditationsübungen. Auch ohne die traditionelle Anerkennung eines japanischen Meisters war er in dieser Hinsicht sicher ein meisterlicher Mensch, der hierzulande den Weg für das Verständnis „der Stille als Seinsform wahrhaften Lebens" bereitete.

Es war wohl bei der berühmten Elmau-Tagung der Internationalen Gemeinschaft „Arzt und Seelsorger" um Professor Wilhelm Bitter im Jahre 1967 gewesen, daß die beiden anwesenden Zen-Lehrer Karlfried Graf Dürckheim und Hugo Enomiya Lassalle erstmalig öffentlich zu Meditationsübungen im Stil des ZaZen einluden.

Begegnet waren die beiden sich schon früher, Anfang der sechziger Jahre, in Rütte. Dazu wurde berichtet – und von Dürckheim bestätigt –, daß ein einfach gekleideter Wanderer mit Namen Enomiya ein Gespräch mit dem Grafen über Zen suche. Nach einiger Zeit des Wartens ließ ihn Dürckheim rufen und war überrascht von seiner Bescheidenheit und Art des Zuhörens sowie seiner Kenntnis des Zen. Er riet ihm nun, unbedingt einmal nach Japan zu gehen, die Landessprache zu lernen und den Zen-Geist vor Ort in sich aufzunehmen. Als Herr Enomiya erwiderte, er lebe seit dreißig Jahren in Japan und beherrsche auch die Landessprache, empfahl ihm Dürckheim, dort unbedingt den berühmten Pater Lassalle aufzusuchen, der im Zen sehr geübt sei und über große Kenntnisse der japanischen Mentalität verfüge. „Ich bin Pater Lassalle", antwortete da nach kurzer Pause der bescheidene Besucher – zur nicht geringen Verblüffung des Grafen und seiner Umgebung.

Auch bei anderer Gelegenheit vermochte der form- und ausdrucksgewandte Graf Dürckheim seine Gesprächspartner zu verunsichern, wie zum Beispiel den Psychotherapeuten Ariё Sborowitz unter Hinweis auf den Titel seines Buches mit dem Satz: „Aha, hier ist der leidende Mensch!" worauf Sborowitz antwortete: „Ja – und er steht vor dem genießenden Menschen!"

Mitte der siebziger Jahre kam es in Rütte zu wiederholtem Besuch und Austausch mit einem authentischen, liebenswerten japanischen Zen-Meister, Seki Yuho Roshi, dem Abt des Eigenji-Bergklosters in der Nähe von Kyoto, den ich dort auch einmal persönlich besuchen konnte, wovon später noch die Rede sein soll. Mehrfach konnte ich ihn bei der Ankunft am Frankfurter Flughafen in voller Zen-Tracht einschließlich großem Strohhut und Strohsandalen zusammen mit zwei seiner Mönche abholen und zum Hotel bringen, wozu sich auch Yoshiko Oshima gesellte – die in Freiburg lebende Philosophin, Heidegger-Schülerin und Zen-Lehrerin, die zu dolmetschen half. Noch schwerer als für den Meister war es wohl für die beiden Mönche, die zunächst kein einziges Wort Deutsch beherrschten, sich in Rütte zurechtzufinden.

Nun ist zwar ohnehin die Sprache des Zen das Schweigen und die Einführung in die Meditation des ZaZen sowie die Zen-Künste oder Zen-Wege[1] mag in der Wortlosigkeit der Vorführung auch ohne Intellekt und Sprache beispielhaft möglich sein. Für die Kommunikation im täglichen Umgang dürfte dies schon etwas schwieriger sein, wovon auch Hildegund Graupner berichtete, die im Austausch ein Jahr im Eigen-ji in Japan lebte, ohne anfänglich ein Wort Japanisch zu sprechen. Berührend, wie sie dann mit ihrem kleinen Lexikon zum Meister ging, um bei Seki Yuho festzustellen, daß er meist schon ihre Frage erspürt hatte, noch bevor sie sie zu stellen vermochte: „Von Herz zu Herzen sprechen" sagt man dazu im Zen und meint die direkte Übertragung von Mensch zu Mensch, ohne daß es der Worte bedürfe. Und anstelle der meist sehr harten körperlichen Arbeit[2] im kalten und kahlen Bergkloster konnte Frau Graupner für den Roshi eine warme Wollweste stricken, was der Weichheit ihrer Finger und seiner Natur besser entsprach.

Bei der großen 30-Jahr-Feier für Rütte in Todtmoos saß Seki Yuho Roshi für Graf Dürckheim und die Teilnehmer einige Minuten lang allein in der stillen Versenkung des ZaZen öffentlich auf der Bühne – festgehalten in einem Film von Dietrich Sixtus von Kapff, der spontan die Kamera gehoben hatte und sie einfach erst wieder absetzte, als der Roshi sich erhob.

Es soll hier nicht weiter über diese schöne Feier von 1981 und ihre Mitwirkenden berichtet werden, was an anderen Orten ausführlich geschehen ist. Wiedergegeben sei hier nur der Eindruck aus der persönlichen Begegnung mit dem 86jährigen Jubilar, der schon weitgehend seines Augenlichts beraubt, aber sichtlich strahlend, aufrecht und guter Dinge alle Ehrungen über sich ergehen ließ. Besonders bewegend Vortrag und Umarmung des mittlerweile 1997 auch hochbetagt verstorbenen früheren russischen Großfürsten aus dem uralten Adelsgeschlecht der Tschelitschew, dem Arzt und Schriftsteller Wladimir Lindenberg, der das Wort prägte vom „Leid als dem schnellsten Kutscher zur Glückseligkeit".

Das Bild des Kutschers war für ihn auch von existentieller, ja lebensrettender Bedeutung. Hatte ihn doch 1917 in den Wirren der Russischen Revolution ein Vertrauter der Familie, eben der Kutscher, dadurch entkommen lassen können, daß er den geliebten „Bobik“ lebendig auf einen Leichenwagen warf, was ihn vor den Todesschüssen der Roten Armee bewahrte. Als Arzt leitete er von 1947 bis 1959 im evangelischen Waldkrankenhaus in Berlin die Abteilung für Hirnverletzte und hat bis zu seinem Tod als Nervenarzt in diesem Grenzbereich zwischen Körper, Geist und Seele vielen Menschen geholfen. Fast vierzig Bücher aus einem halben Jahrhundert künden bleibend davon.

Schon ein paar Jahre zuvor, im April 1976, war es zum letzten „Privatissime“ mit Dürckheim im Doktor-Haus in Rütte gekommen, wo ich ihn am Vorabend unserer Hochzeit in Bad Säckingen zusammen mit meiner Frau Annette besuchen durfte. Auch wenn er sie mehr mit den Augen des Herzens als von Angesicht zu Angesicht wahrnahm, so war es doch eine außerordentlich freundschaftliche, warmherzige und ermutigende Begegnung, bei der er uns mit seinen persönlichen Segens- und Glückwünschen auch einen sehr schönen japanischen Bildband mit Original-Farbdrucken von Korin Ogata schenkte. Neben einem schon früher überreichten Tusch-Kreis aus seinem Pinsel mit der charakteristischen und eigenwilligen Linksdrehung entgegen der sonst bei „Enso“ in Japan üblichen Rechtsdrehung (im Uhrzeigersinn) bereichert das kostbare Buch die persönlichen Erinnerungen.

Nicht zuletzt wegen der Gesamtthematik dieses Buches sei Graf Dürckheim abschließend und im Übergang zur Erinnerung an jenen Herrn Enomiya wörtlich zitiert mit einem Absatz aus seinem Beitrag zur Festschrift für Pater Hugo M. Enomiya Lassalle SJ zum 80. Geburtstag[3]:

„Wenn in der Begegnung zwischen Menschen Wesenswirklichkeit anklingt, gewinnt das Schweigen zwischen den gesprochenen Worten an Gewicht. Der Ton der Stille wird hörbar, das Ungesprochene zwischen dem Gesprochenen, das Schweigen zwi-

Der Kreis „Enso“ von Karlfried Graf Dürckheim

schen den Tönen. Die Worte geben der Stille ihren Gehalt und die Stille den Worten das Leben.“

Von und über Lassalle gibt es eine reiche Vielfalt von Literatur, die hier zurückgestellt sei um des persönlichen Erlebens willen. Zu Vorträgen im „Frankfurter Ring“ kam er wiederholt seit dem Ende der sechziger Jahre. 1970 wurde ein ganztägiges Zen-Sesshin im Dominikanerkloster in Frankfurt veranstaltet, wo man erstmalig mit Pater Lassalle „sitzen“ konnte. Da man während der Mittagspause in nahegelegenen Gasthäusern einkehrte, verzehrte er dort wie andere auch das angebotene Brathähnchen – was einigen der mitsitzenden Damen den kaum unterdrückten Aufschrei entlockte: „Der ißt ja Fleisch!“ – was sonst sicher nicht zu seinen gewohnten Nahrungsmitteln gehörte, aber der Zen-Mann darf eben auf Reisen grundsätzlich alles essen, was ihm angeboten wird.

Bei einem original-japanischen Abendessen mit Sushi und Sake erzählte der conpadre Professor Helmut Erlinghagen S.J.[4], der gleichfalls mehr als dreißig Jahre in Japan gelebt hatte, wie sie ihren Mitbruder an jenem 6. August 1945 nach dem Abwurf der ersten Atombombe auf Hiroshima aus dem dortigen Pfarrhaus holten, das ihn als eines der wenigen stabil gebauten Häuser zum Glück vor stärkerer direkter Strahlung geschützt hatte.

Eine erste Zen-Halle in der Nähe von Hiroshima hatte 1960 einem kommunalen Bauwerk weichen müssen, wonach Pläne für den Bau einer christlichen Zen-Halle in der Nähe von Tokyo in den bewaldeten Bergen eines Naturschutzgebietes entstanden. Dieses christliche Zen-Zentrum „Akikawa-Shinmeikutsu" (Höhle des göttlichen Dunkels) wurde in den Jahren 1969-1973 erbaut, wozu wiederum auch der „Frankfurter Ring" mit Spenden und Spendenaufrufen für Unterstützung sorgte. Nach der Idee von Pater Lassalle sollte diese christliche Höhle göttlichen Dunkels für eine verstärkte Möglichkeit der Begegnung zwischen Zen und Christentum sorgen, da neben den im Originalstil durchgeführten Zen-Übungen dort auch die Eucharistie gefeiert wird.

Zwar fand diese kühne Idee viel Anklang und Unterstützung, aber der Zulauf zu dem neuen Zentrum hielt sich in Grenzen. Vielleicht kommt dies nicht von ungefähr im Heimatland des Zen-Buddhismus mit seinen vielen tausend Tempeln, wo die christlichen Missionsbemühungen stets kläglichen Schiffbruch erlitten und nur eine verschwindend geringe Zahl von Bewohnern erreichten. Es mag vor diesem Hintergrund nicht untypisch erscheinen, daß der Jesuitenpater schließlich zum anerkannten Zen-Lehrer und als solcher auch in Deutschland viel mehr gesucht wurde als in Japan, dem Land seiner späteren Staatsbürgerschaft (seit 1948).

Die von ihm geleiteten Zen-Exerzitien oder Sesshin fanden hierzulande statt in christlichen Klöstern wie bei den Benediktinern in Maria Laach oder insbesondere den Franziskanern in Dietfurt im Altmühltal, wo 1978 zu Lassalles 80. Geburtstag eine repräsentative, nach japanischem Vorbild aufgebaute Zen-Halle mehr oder

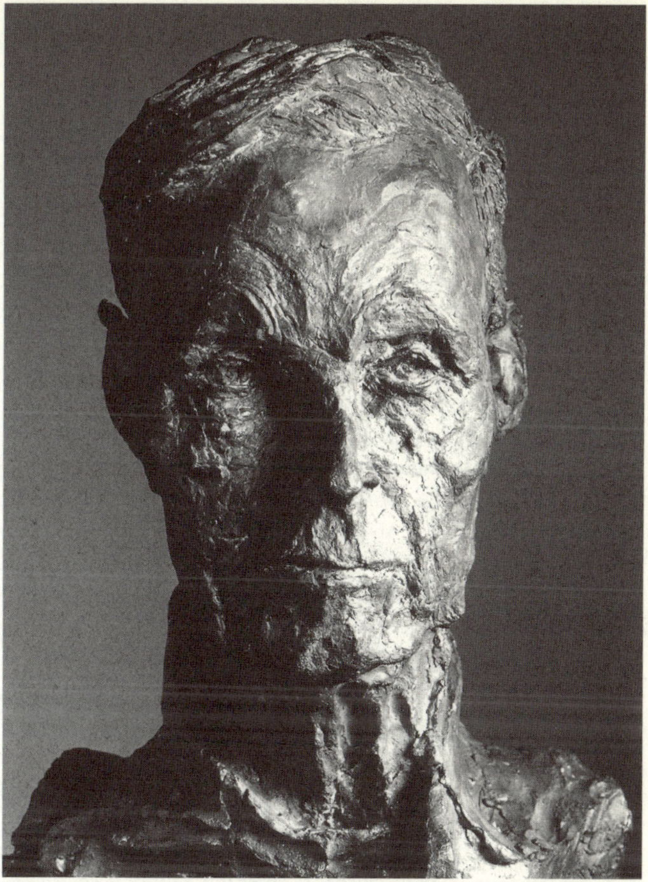

Bronze-Büste Lassalles von der Karlsruher Bildhauerin Lieselotte Anschütz

weniger für ihn und von ihm eingeweiht wurde. Leider konnte es dort – entgegen ursprünglicher Pläne – nicht zum Erwerb der Bronzebüste von Pater Lassalle kommen, welche die Karlsruher Künstlerin Lieselotte Anschütz aus eigenem Antrieb geschaffen hatte. Auch im November 1986 war das Budget der Franziskaner in Dietfurt noch nicht reich genug geworden, als dort der in Japan wegen des besonderen Zahlenverständnisses hochgeschätzte 88. Geburtstag Lassalles gefeiert wurde. Möglicherweise wird die Büste jedoch schon bald ihren Platz finden im Lassalle-Haus in Bad Schönbrunn in der Schweiz, wo sie wohl am besten plaziert wäre.

Auch in der Jesuiten-Hochschule St. Georgen bei Frankfurt wurde eine schlichte, eindrückliche Feier organisiert, zu der die Festschrift „Munen muso – ungegenständliche Meditation" von Günter Stachel von der Universität Mainz herausgegeben wurde – jener Universität, die Pater Lassalle 1973 den Ehrendoktor verliehen hatte. Nicht weniger als 35 Kollegen, Freunde und Wegbegleiter aus Japan und Deutschland haben zu der Festschrift beigetragen. Und noch etwas Bemerkenswertes hat sich in St. Georgen zugetragen: Bei einem Wochenend-Sesshin des „Frankfurter Ring" mit Francois-Albert Viallet (Soji Enku) wurden die Teilnehmer dort von den padres auf ihre so auffällig disziplinierte Stille-Haltung angesprochen, die man sich gerne auch einmal bei normalen jesuitischen Exerzitien wünschen würde!

Seinen letzten großen öffentlichen Vortrag hielt Lassalle im 90. Lebensjahr beim Kongreß „Geist und Natur" im Mai 1988 in Hannover zum Thema: „Zen-Erleuchtungsweg und christliche Mystik". Ebenso gut besucht – nicht zuletzt von Carl Friedrich von Weizsäcker und anderen Suchern zwischen Christus und Zen – waren seine morgendlichen Zen-Meditationen, die er stets mit der Eucharistiefeier im ZaZen-Sitz beendete. Daneben gab es bei Eido Tai Shimano Roshi (in der Linie von Genpo und Soen Roshi aus dem Ryutaku-ji) ebenfalls authentische Einführung in das ZaZen oder bei Pater Willigis Jäger OSB und David Steindl-Rast OSB sowie Josef Sudbrack SJ Übungen in christlicher Kontemplation und Meditation.

Abgesehen von den Möglichkeiten zur persönlichen Begegnung mit Nobelpreisträgern wie Manfred Eigen oder Ilya Prigogine, Philosophen wie Sir John Eccles, Raimon Panikkar, Hans Jonas, Hajime

Nakamura sowie Kardinal Franz König aus Wien ergab sich in den Tagen in Hannover im Mai 1988 immer wieder das vertiefende Gespräch mit Teilnehmern und Referenten. Dabei erzählte Pater Lassalle auch einmal von der Vorgeschichte seiner Erleuchtung und deren Anerkennung durch Yamada Koun Roshi in Kamakura, von dem er 1978 die Erlaubnis erhielt, offiziell als Zen-Meister zu lehren.

Eines Tages, so Lassalle, habe ihn Yamada gefragt, wer ihm eigentlich seine Erleuchtung bestätigt habe, worauf er wahrheitsgemäß antwortete: Niemand! Und in der ihm gemäßen, bescheidenen Art fügte er noch hinzu, er wisse nicht, ob er erleuchtet sei. Dazu muß man wissen, daß Lassalle schon bei den Vorgängern von Yamada Koun, Harada (verstorben 1961) und Yasutani (verstorben 1973), Zen geübt hatte. Letzteren bat er insbesondere um ein

Pater Lassalle mit Peter Zürn im Mai 1988 im Park bei „Geist und Natur" in Hannover

Vorwort zur japanischen Ausgabe seines ersten Buches „Zen – Weg zur Erleuchtung". Yasutani behielt das Buch über ein Jahr lang, las es wiederholt und schrieb dann in seinem Vorwort, der Autor solle noch einmal von vorn anfangen, um zur Erleuchtung zu kommen. Und er solle dann später, wenn er die Erleuchtung erlebt habe, noch einmal Bücher über Zen schreiben! So ist es auch, nach Lassalles eigenem Bericht, geschehen, wobei er von Anfang an Schwierigkeiten hatte mit der päpstlichen Druckerlaubnis, die erst nach dem Zweiten Vatikanischen Konzil von 1962 in Rom erteilt wurde. Geholfen haben könnte dabei wohl auch die Tatsache, daß der frühere Jesuiten-Obere in Japan, Petrus Arrupe SJ, inzwischen zum Generaloberen der Societa Jesu weltweit berufen worden war.

Weiterhin als Schüler von Yamada Koun Roshi mit dem traditionellen Koan-Studium beschäftigt und immer wieder mit dabei zu den Zen-Übungswochen bei Sesshins in dessen Sanun-Zendo in Kamakura, wurde Pater Lassalle eines Tages zur offiziellen Prüfung zum Meister gerufen, der ihm schließlich sein Erleuchtungserlebnis bestätigte. Das einzige, was Lassalle selbst dazu nachdenklich bemerkte, war die Tatsache des Todes eines ihm sehr nahestehenden Mitbruders in jener Zeit, was sich offenbar auf seine persönliche Gemütslage hilfreich vertiefend ausgewirkt hatte.

„Den großen Tod sterben" heißt es im Zen, und: „Geburt und Tod sind feierliche Ereignisse" – so steht es klassisch über dem Eingang der Zendo, der Sitzübungshalle in den japanischen Zen-Klöstern. Dazu wird auch die Geschichte vom Besuch bei einem strengen Meister im alten Japan berichtet, wo die Gäste einen überraschend großen Friedhof bemerkten. Ja, das seien alles frühere Schüler, sagte der Meister – aber: Es sei sicher besser, unerleuchtet zu sterben, als ohne Erfahrung der Erleuchtung weiterleben zu müssen!

Ansonsten darf man natürlich im Zen über Erfahrungen der Erleuchtung (Satori) oder Wesensschau (Kensho) niemals sprechen, was letztlich auch für die Berichte und Schilderungen der Umstände gilt, die dazu führen oder damit einhergehen und meist eher paradox und wenig glaubhaft oder verständlich erscheinen. Sicher ist jedenfalls, daß eine Erleuchtungserfahrung nur von demjenigen erkannt und bestätigt werden kann, der selbst eine solche hatte. Und: Eine Erleuchtung macht noch keinen Erleuchteten – erst die vollkommene Integration eines solchen Erlebnisses im Sinne des Eins-Seins im Bewußt-Sein kann es machen.

Dieses Thema war auch Gegenstand des letzten längeren Gesprächs, das ich mit Pater Lassalle im Februar 1988 im Bischofszimmer der Abtei Maria Laach führen konnte. Dabei erzählte er unter anderem davon, daß sein Meister Yamada gelegentlich etwa von seinen Schülern inzwischen selbst zuerkannte Erleuchtungserlebnisse persönlich nachprüfe und nicht immer bestätige, gerade auch in Deutschland! Dazu war er hier noch in Erwartung eines Besuches des Roshi für die nahe Zukunft, der dann allerdings durch dessen Erkrankung und seinen Tod im August 1989 verhindert wurde. Auch der 89jährige Pater Lassalle erschien zu der Zeit etwas geschwächt und setzte sich zur Unterhaltung nahe neben den Besucher, um das Hörgerät nicht benutzen zu müssen. „Aber im Dokusan[5], da sind wir beide immer noch ganz da!" sagte Lassalle – und zeigte es im Gespräch, bevor wir später mit den Mönchen im Refektorium zu Mittag aßen und neue Kräfte bekamen.

Neben vielerlei Fragen zum Zen, nicht zuletzt ausgelöst durch den gerade in der Zeitschrift „Capital" erschienenen Artikel „Kreuzweg" von Renate Hauser, der für die dortige Szene wohl eher ungewöhnlich war, kam das Gespräch auch immer wieder zurück auf die Frage nach der Erleuchtung, die für die Schule Haradas, des ersten Zen-Meisters von Lassalle, das zentrale Ziel aller Zen-Übung sei. Verständlich, daß meine zu neugierig gestellte Frage nach der Zahl der Erleuchtungen, die er selbst schon anerkannt habe, keine Antwort von Herrn Enomiya bekam: „Über so etwas darf man nicht sprechen!" Aber dann, in einer ganz unerwarteten Wendung des Gesprächs über seinen Lehrer Yamada, erwähnte er, daß dieser in etwa achtzig Fällen eine Erleuchtung anerkannt habe – „und er würde es so gerne auf hundert bringen!"

Ob ihm das in Anbetracht von Krankheit und dann frühem Tod gelungen sein könnte, muß dahingestellt bleiben – und auch der 1990 verstorbene deutsche Jesuit und japanische Zen-Meister Hugo Makibi Enomiya Lassalle hat sich dazu nicht mehr geäußert. Mit dabei in Hannover 1988 bei „Geist und Natur" war auch Pater Niklaus Brantschen SJ aus der Schweiz, Ordensbruder und Kollege als Zen-Lehrer von Pater Lassalle aus derselben Schule des Sanbo Kyodan aus Kamakura, einer Laien-Zen-Gemeinschaft unter Leitung des früheren Managers und späteren Zen-Meisters Yamada Koun Roshi. Während beide padres noch mit dem traditionellen Koan-Studium beschäftigt waren, das auch Pater Willigis Jäger OSB aus Würzburg dort acht Jahre lang absolviert hatte und das die Lösung von mehr als 600 (!) Fällen beinhalten kann, suchte sich das Zen in Deutschland und der Schweiz neue dauerhafte Heimstätten.

Neben dem Haus St. Benedikt in Würzburg, wo Willigis Jäger mittlerweile viele Manager und andere Laien zu seinen Schülern zählt, worüber später noch gesondert berichtet wird, gehört dazu vor allem das Lassalle-Haus Bad Schönbrunn in Edlibach bei Zug in der Schweiz unter der Leitung von Niklaus Brantschen SJ. Das frühere Bildungshaus erhielt unter Federführung von Pater Brantschen nicht nur einen neuen Namen, sondern ein neues Konzept, für das der Name Lassalle als Programm steht. Als Jesuitenpater und Zen-Lehrer gilt er als Vermittler zwischen östlichem und westlichem Denken und als Erneuerer der Spiritualität, worauf sich das jetzige „Zentrum für Spiritualität und soziales Bewußtsein" verpflichtet weiß. Dazu werden Exerzitien, Zen und Kontemplation in zahlreichen Programmen angeboten, die z. B. auch Zen für Führungskräfte zum Inhalt haben.

Als eindrucksvolle Begebenheit zu erwähnen ist noch das Jubiläumswochenende „100 Jahre Hugo Enomiya Lassalle" im Oktober 1998 aus Anlaß des 100. Geburtstags am 11. November, bei dem die Figur des jesuitischen Zen-Mannes aus der je persönlichen Erinnerung lebendig wurde. Dabei ergab sich auch das Gedenken an den gemeinsamen Lehrer Yamada Koun Roshi, der dem Jesuiten Niklaus Brantschen zu Zen und Christentum einmal im Dokusan erklärt hatte: „Wie Sie mit Ihrem Koan eins werden, dazu kann ich Ihnen helfen. Wie Sie mit Jesus Christus eins werden, dazu müssen Sie selbst sehen!"

Daß man darüber hinaus selbst sehen muß, wie man mit sich selbst als dem einzigen wirklich lebenslang gelebten und zu übenden Koan eins werden und bleiben kann, das haben aufrichtig Zen-Übende jeder Kategorie mittlerweile vielfach eingesehen und erlebt, unabhängig von der Zahl von Hunderten oder mehr oder weniger überkommener Koans, mit denen sie sich redlich mühten. Sicher mag das ernsthafte Ringen mit solchen Texten für manche Schüler eine gute Gelegenheit sein, dem jeweiligen Meister die immer neue Entwicklung zum Stand ihres Zen-Verständnisses zu zeigen oder anzubieten. Außer Frage steht jedoch, daß es dazu des kontinuierlichen persönlichen Kontaktes mit einem anerkannten Zen-Meister bedarf.

Und ebenso sicher ist, daß diese Methode der geprüften Koan-Lösungen nicht der einzig und allein seligmachende und mögliche Weg ist zur Schau des eigenen Wesens (Kensho) bzw. dem Erwachen zum Licht (Satori) im Einssein mit dem All-Einen. Wie denn, so bliebe zu fragen, hätte sonst jemals ein Übender des „Shikantaza" (= nur Sitzen) im Gefolge des Begründers der Soto-Richtung des Zen nach Dogen Zenshi (1200-1253) die Erleuchtung erlangen können?

Von dem im nächsten Kapitel ausführlich zu Wort kommenden österreichisch-chinesischen Zen-Lehrer Professor Fritz Hungerleider alias Hung-Lei stammt zur Übung mit dem Koan folgende Bemerkung: Das Koan sei für den Übenden wie eine Nuß, die man ihm in den fast zahnlosen Mund schiebe. Und nicht etwa mit der (unmöglichen) Öffnung der Nuß gehe die Lösung einher, sondern vielmehr damit, daß ihm schließlich auch noch der letzte intellektuelle Zahn ausfalle ...!

Aber wie es in der Welt des gelebten Lebens so ist: Manchmal ergeben sich Änderungen der Wege oder Richtungen auch aus einer ursprünglich strengen Orientierung heraus. Als Beispiel dafür möchte ich die beiden Leiter des ISPW (= Institut für spirituelle Bewußtseinsbildung in Politik und Wirtschaft) beim Lassalle-Haus Bad Schönbrunn erwähnen, dessen Beirat ich angehöre. Niklaus Brantschen SJ, der schon mehrfach erwähnte Leiter, hatte von seinem Lehrer Yamada Koun Roshi in Kamakura im Herbst 1988 nach Abschluß seines Koan-Studiums die Bestätigung der Lehrerlaubnis und den Zen-Namen Go-Un-Ken (= Wolke der Erleuchtung) erhalten.

Seine Kollegin Pia Gyger in der Mitleitung des ISPW, mit Herkunft aus dem St. Katharina Werk in Basel, war dagegen noch nicht ganz so weit und mußte zur Fortsetzung ihrer Ausbildung noch für einige Jahre nach Honolulu/Hawaii reisen, wo Aitken Roshi, ein Dharma-Nachfolger Yamada Roshis, den Diamond Sangha leitet. Über sein eigenes „Zen als Lebenspraxis" hat er ein

Pia Gyger und Aitken-Roshi nach der Zeremonie in der Zen-Do im Lassalle-Haus

Buch veröffentlicht, in dem er in einem bereits 1971 verfaßten Schlußkapitel („Halbherziges Zen") über seine persönliche und offensichtlich nicht immer einfache Entwicklung in Leben und Zen sehr offen berichtet.

Als Zen-Meisterin des Diamond Sangha, Hawaii, wurde Pia Gyger am 19. Juni 1996 in einer feierlichen Zeremonie im Lassalle-Haus bestätigt mit dem Zen-Namen „ichi do = one ground". Verbunden damit war der Auftrag, den grundlosen Grund aller Religionen zu entdecken und die interreligiös-spirituell-politische Arbeit aus diesem Geist heraus und inmitten der Geburtswehen einer neuen Welt zu tun, was sie aktiv und liebevoll im „Institut für spirituelle Bewußtseinsbildung in Politik und Wirtschaft" (ISPW) im Lassalle-Haus praktiziert.

Im Januar/Februar 1996 weilten Pia Gyger und Niklaus Brantschen in New York, wo sie unter anderem mit Bernhard Glassman und seiner Frau Jishu Holms zusammentrafen. Beide hatten dort eine „Peacemaker Bewegung" ins Leben gerufen hatten, die mit einer Zeremonie am 5. Dezember 1996 im Lassalle-Haus mit dem dortigen ISPW verbunden wurde. Damit einher ging im Laufe der nächsten Jahre die Auseinandersetzung und schließlich freundschaftliche Trennung von Kubota Roshi in Kamakura, der dort in der Nachfolge von Yamada die Sanbo Kyodan-Gruppe leitet, sowie auch von Aitken Roshi und seinem Diamond Sangha auf Hawaii.

Dazu muß man wissen, daß Bernie Glassman Roshi als Nachfolger von Taizan Maezumi Roshi zu derselben Dharma-Familie gehört wie Yamada Koun, wenn auch in der nächsten Generation: Maezumi und Yamada waren beide Dharma-Nachfolger des bereits erwähnten berühmten Yasutani Roshi.

Bernard Tetsugen Glassman Roshi, der Begründer eines sozialen Netzwerkes, der „Greyston Foundation", engagiert sich über seine Zen-Praxis hinaus ganz konkret für eine gerechtere und friedvolle Welt, indem er beispielsweise in New York sogenannte Street-Retreats oder Straßen-Sesshins mit Obdachlosen organisiert, was Niklaus Brantschen gelegentlich nun auch in Zürich praktiziert.

Zen-Do im Lassalle-Haus Bad Schönbrunn

Glassmans Wurzeln liegen in einer jüdisch geprägten Kindheit im sozialistischen Milieu, bevor er unter Taizan Maezumi auf den Zen-Weg kam. Mehr über ihn und die Peacemaker Bewegung kann man nachlesen in dem Buch von Niklaus Brantschen: „Du selbst bist die Welt“[6], wo der amerikanische Begriff auch mit dem biblisch-deutschen „Friedens-Stifter“ erläutert wird, was schöner klingt als die amerikanischen „Friedens-Macher“.

In einer feierlichen Zeremonie in New York am 18. Januar 1999 erlangten Niklaus Brantschen und Pia Gyger die „Inka Shomei“-Bestätigung der Dharma-Nachfolge von Glassman Roshi mit den Zen-Namen Jinju Roshi (Brantschen) bzw. Jinji Roshi (Pia Gyger). Unter Einbeziehung ihres früheren Zen-Namens „ichi do“ oder „one ground“ ergibt sich für Pia Gyger gemäß der Verpflichtung des „Ichido-Jinji“ als Muster ihres Lebens aus dem „grundlosen Grund des Erbarmen Gottes“ zu leben, immer mehr Ichido-Jinji zu sein und auszudrücken – was der existentiellen Verwirklichung ihres persönlichen Koan im Einssein mit ihrer Lebensgestalt entsprechen dürfte.

Und daß man an all solchen Entwicklungen teilhaben-teilnehmen kann, ist entgegen der früher oft geheimnisumwitterten Zen-Nachfolge und ihrer Geschichte und Geschichten offengelegt im Internet nachzulesen auf der Homepage der Peacemaker Community bzw. des Lassalle-Hauses als einer der dort aufgeführten „affiliations". (http.//www. Peacemaker community: org./Lassalle Haus/ index.htm bzw. www.wordwiseweb.com/ZPO/)

Dabei bleibt der eigentliche Inhalt der sogenannten „Transmission" noch immer etwas geheim, trotz der Offenlegung im Internet und einer Wiederholung der Zeremonie von New York am 9. Mai 1999 im Lassalle-Haus Bad Schönbrunn für die Freunde, Schüler und Verwandten von Niklaus Brantschen und Pia Gyger. Nicht nur wurden hier erstmalig auf europäischem Boden zwei Roshi gleichzeitig feierlich verpflichtet, noch dazu ein Mann und eine Frau, sondern sie erfreuten sich auch der Gegenwart und Glückwünsche des jesuitischen Bischofs Peter Henrici und der Mitwirkung eines weiteren japanischen Würdenträgers in der Person von Kuroda Roshi, einem leiblichen Bruder von Taizan Maezumi und wie dieser Schüler von Yasutani und Nakagawa.

Bernard Glassman mit Teilnehmern am Street-Retreat in New York

Kapitel 2

Praktische Übungen mit Professor Fritz Hungerleider und Professor Tetsuo Kiichi Nagaya

Nach den persönlichen Begegnungen mit Graf Dürckheim und Pater Lassalle war es wohl irgendwie an der Zeit, auch einmal persönlich an einem sogenannten Zen-Sesshin, das heißt einer intensiven Übungswoche unter kompetenter Anleitung teilzunehmen. Die Gelegenheit dazu ergab sich im März 1971 mit dem späteren Professor Fritz Hungerleider auf Burg Stettenfels in der Nähe von Heilbronn. Wie sich bei einem nachfolgenden Besuch herausstellte, lebte dort auch der inzwischen lange verstorbene Nestor der deutschen Astrologie, Thomas Ring, inmitten seiner eindrücklichen Bilder, die neben den Sternkonstellationen sein Lebensinhalt waren.

Den Termin für das Hungerleider-Seminar (so auch der Titel seines Buches „Das Zen-Seminar"[7]) hatte ich erfahren von dem damaligen Kollegen Markus Müller, Personalberater in München. Über ihn hatte es seinerzeit auch eine erste Veröffentlichung in einem Wirtschaftsmagazin gegeben, wo er im Zen-Sitz und mit Räucherstäbchen bei der Übung des ZaZen abgebildet war. Für seine Kon-Zen-tration pflegte er in etwa einem Meter Entfernung einen Pfennig vor sich auf den Boden zu legen – erlaubte Sitzkrücke, für die Fritz Kroeger bei seinen erwähnten Stille-Übungen im Rahmhof in Frankfurt eine Perle benutzte.

Natürlich muß man als Zen-Adept irgendwann solche Krücken wegwerfen, was bei Markus Müller dazu führte, daß er nicht mehr im Sitzen, sondern nur noch beim Tauchen oder Schwimmen unter Wasser seine Atemübungen machte, wo er es zuletzt auf bis zu vier Minuten brachte. Später, im Jahr 1977, wurde ihm diese Übung allerdings zum Verhängnis, als er aus einem Schwimmbecken in

Professor Fritz Hungerleider ruft mit dem Gong zur Zen-Übung

seinem geliebten Thailand nicht mehr aufzutauchen (ver)-mochte. Fast möchte man dies im Sinne der Zen-Paradoxa einen „unfreiwilligen Selbstmord“ nennen.

Doch zurück auf die Burg Stettenfels in das Zen-Seminar mit Hungerleider, der dort in klassischer Manier die Übungen leitete, wie er es im Daitoku-ji in Kyoto gelernt hatte. Einziges Zugeständnis an die Teilnehmer war eine zeitlich gestaffelte Abfolge der Sitzperioden des ZaZen – unterbrochen von Meditationen im Gehen, dem Kinhin – von anfänglich 4 mal 15 bis hin zu schließlich 4 mal 25 Minuten. Den letzten Sitzperioden pflegte er daher eine Einladung zur Freude von 100 Minuten Zazen voranzustellen.

Auf die Darstellung von Einzelheiten zur Zen-Übung kann hier verzichtet werden in Anbetracht der vielen Bücher und Anleitungen, die es mittlerweile dazu gibt – und wofür das Büchlein von Hungerleider selbst ein früher Klassiker ist. Berichtet sei dagegen von Einzelheiten und Eindrücken aus der persönlichen Begegnung, die sich immer wieder am Rande der Seminare oder Sesshin gerade mit dem alten Freund Fritz Hungerleider (1920 – 1998) einstellten.

Mit Vorliebe nahm er beispielsweise einen leicht erhöhten Hocksitz etwa auf einem kleinen Tisch am Kopfende der Teilnehmerrunde ein, um aus der besseren Übersicht mit dem Kyosaku oder Warnstab gegebenenfalls zur Korrektur beim einzelnen Übenden rascher zur Hand zu sein. So geschah es etwa eines Tages, daß ein neben mir Übender sichtbar und mit entsprechend leichtem Körperschwanken eingenickt war. Behend wie eine Katze glitt der „Jikijitsu“, wie er sich nach japanischem Vorbild als der die Übung Leitende und ohne Meisteransprüche nannte, von seinem Hochsitz herunter und kam raschen, leichten und leisen Schrittes zu dem Schläfer. Vor ihm angekommen, verneigte er sich der Übung gemäß mit dem Kyosaku, den ich im Geiste nun schon auf den Rücken des Schläfrigen hinuntersausen sah – wie es in japanischen Klöstern durchaus üblich ist.

Statt dessen aber nahm er den flachen Stab an beiden Enden mit den Händen und knallte ihn vor dem Unglücklichen auf den

Holzboden der Sitzhalle. Von diesem ohrenbetäubenden Knall wurde nicht nur der Betroffene dauerhaft wach, sondern er riß die ganze versunkene Runde ruckartig in die Höhe. Gehörig nahm Hungerleider den Warnstab wieder auf, verneigte sich mit dem Dank des Bodhisattva vor dem nun kerzengerade Sitzenden und kehrte still auf seinen Sitzplatz zurück, um die Übungsperiode weiterzuführen, als sei nichts geschehen.

Diese wortlose Stille während der ganzen Zeit des Seminars war wohl am meisten gewöhnungsbedürftig. Unterbrochen wurde sie nur von den gelegentlichen Anweisungen oder Vorträgen (Teishos) des Lehrers, der auch zum Einzelgespräch (Dokusan) aufgesucht werden durfte. Dabei ergab sich eines Tages die Frage: „Warum üben Sie eigentlich ZaZen?" und ich antwortete rasch und der Wahrheit gemäß: „Ich weiß es nicht, ich sitze einfach, grundlos und ohne bestimmte Absicht."

Da er wahrscheinlich eine Antwort wie: „... um der Erleuchtung willen" oder so ähnlich erwartet hatte, reagierte er verblüfft, sprang auf, umarmte mich mit: „Ja, das ist es!" – und schickte mich sofort hinaus. So gut gefiel auch ihm dieses Erlebnis, daß er es später in leicht veränderter Form in sein Buch aufnahm.

Das Seminar auf Burg Stettenfels im Frühjahr 1971 wurde von vielen Anfängern in der Übung wie mir oder dem Freund Markus Müller besucht, was den Leiter Hungerleider dazu veranlaßte, gelegentlich „ad libidum" Veranstaltungen oder Sitzperioden in das Programm aufzunehmen, woran die Teilnahme freigestellt war.

So stand ich einmal im Vorraum der Übungshalle, als der Jikijitsu von innen her die Tür öffnete und heraustrat – mit einer unnachahmlichen Geste der Hand, welche die Tür führte. In dieser stillen Bewegung durfte ich den „Ton der einen Hand" sehen, wie er im berühmten Koan des Hakuin (1686-1768), 19. Patriach und Erneuerer des Rinzai-Zen in Japan, entsteht. Nachdem er in die Hände geklatscht hatte und damit den Ton der beiden Hände vernehmen ließ, pflegte Hakuin eine Hand zu heben mit der Frage: „Und was ist der Ton der einen Hand?" Sollte ein Schüler dieses Ur-Koan in irgendeiner Form dadurch gelöst haben, daß er sich beispielsweise intuitiv aus der Selbstversunkenheit des ZaZen auf den Schenkel schlug, so bekam er sofort zur Fortsetzung die Aufgabe: „Höre die lautlose Stimme der einen Hand".

So steht es auch auf der Schriftrolle des Meisters Ohtsu Roshi aus dem Shokoku-ji in Kyoto für die mittlerweile verstorbene Lies Groening, die dort einige Jahre gelebt und geübt hatte, bevor sie nach dem Tod des verehrten Meisters wieder nach Hamburg zurückkehrte und über ihre Zen-Erfahrungen aus einem japanischen Kloster das außerordentlich eindrückliche Buch unter dem Titel „Die lautlose Stimme der einen Hand" schrieb. Neben den Original-Schriftzeichen des Meisters durfte ich schließlich sein besonderes Vermächtnis in die Hand nehmen: den Roshi-Stab, den er vierzig Jahre lang getragen und ihr auf dem Totenbett vermacht hatte und dessen Kraft sie – und nun auch mich – noch immer durchströmte. In Anbetracht ihrer fortgeschrittenen Erblindung und nach einem langen, guten Gespräch über Zen zeigte diese vertrauliche Geste der Kenntnisgabe und -nahme einen hohen Grad der Übereinstimmung, der uns gleichermaßen berührte.

Eine kleine persönliche Anekdote zum „Ton der einen Hand" belebt auch dauerhaft mein Zen- und Bürozimmer in Form einer kleinen, runden Tonscheibe mit dem Eindruck einer Kinderhand, die mein Sohn Raphael eines Tages aus dem Kindergarten mitgebracht hatte. Der alte, weise Chinese, als den ich ihn bei seiner Geburt in karmischer Verwandtschaft eindeutig wiedererkannte, hat mir damit als kleiner westlicher „Tulku" mit seinen damals vier Jahren unbewußt eine zusätzliche und gut sichtbare Lösung zum berühmten „Ton der einen Hand" angeboten.

Hung-lei, wie er sich auch als Autor des Apokryphen Sutras aus seinem Buch nannte, war in den Jahren 1971 bis 1974 vielerorts und bei zahlreichen Gelegenheiten mein Zen-Lehrer, wobei die verehrte Frau Hedwig Steinke-Boll oft Zeit und Ort für die Seminare in Bad Mergentheim, Kirchberg oder im speziell dem Zen und der Meditation gewidmeten Sonnenhaus im Benediktinerkloster Beuron arrangierte. Durch ihren Vater Martin Steinke-Tao Chün (1882-1966), der 1934 an der Klosteruniversität Tsi-hia-shan bei Nanking in China die Ordination als Bhikkhu (buddhistischer Mönch) erhielt, waren ihr Buddha-Lehre und Meditationspraxis vertraut. Sein aus nachgelassenen Texten veröffentlichtes Buch „Der Lebensschlüssel" wurde wie schon zuvor „Das Lebensgesetz" mit einem Geleitwort von Carl Friedrich von Weizsäcker versehen, das auf die großen Hemmnisse durch den Widerstand des Denkens für den Prozeß des Bewußtwerdens hinweist – und worauf die Zen-Meister durch die Paradoxie der Koans und andere Ungereimtheiten nicht müde werden hinzuweisen.

Wer allerdings glaubte, das „Denken des Nichtdenkens" werde ganz einfach durch das Nicht-mehr-denken-wollen des Verstandes erreicht, der wurde durch Professor Hungerleider in gelegentlich heftiger Form eines Besseren belehrt. „Die Grenzen des Intellekts müssen ausgeschritten werden, bevor sie transzendiert werden können", so pflegte er wieder und wieder zu sagen. Und er erzählte gerne von den vielen alten Zen-Geschichten, wo beispielsweise der Meister dem vorwitzigen Schüler mit schmerzhaftem Griff die Nase herumdrehte oder gar dem Jüngling des „Ein-Finger-Zen", der ihn zu imitieren suchte, indem er wie der Meister einen Finger zur Antwort hob, diesen Finger abschnitt (und ihn dadurch schmerzvoll zur Erleuchtung brachte).

Auch Hung-lei wurde nicht müde, Geschichten von der gelegentlich brutalen Härte wie vor allem dem Humor des Zen und seiner alten Meister zu erzählen – sozusagen die Purzelbäume des Huang-Po oder Pu-hua in seinen Worten nacherlebbar werden zu lassen. So gab es beispielsweise die Geschichte von Teng-yin Feng von Wu-tai, der seinen Tod herannahen spürte und fragte, ob schon jemals jemand im Kopfstand gestorben sei. Nein? Sprach's, stellte sich auf den Kopf und verschied. So blieb er unbewegt und unbeweglich stehen und wurde von der Menge bestaunt, bis zufällig seine jüngere Schwester, eine Nonne des Weges kam und ihn anbrummte: „Als du noch unter den Lebenden weiltest, kümmertest du dich schon nicht um Gesetz und Sitte, und jetzt als Toter bist du noch immer ein Quälgeist!“ Sie stieß ihn mit den Finger an, er fiel mit einem satten Ton zu Boden und konnte endlich zur Verbrennungsstätte gebracht werden.

Eines der längsten und nicht zuletzt dadurch intensivsten, in-Zen-tiefsten Seminare mit Hung-lei war 1973 ein zehntägiges Sesshin auf Schloß Kirchberg. Teilnehmer dort waren unter anderem mein Kollege Dr. Olaf Matthey vom „Frankfurter Ring", der einige Jahre später an einem Gehirntumor verstarb, ebenso wie Holger Henzel, den im August 1990 als 46jährigen dasselbe Schicksal ereilte. Hedwig Steinke-Boll, die „heimliche Chefin“ der Veranstaltung, sowie die wenig später sehr jung verstorbene Ursula Theobald gehörten auch zu den eifrigen Mitsitzenden. Eine bleibende Erinnerung an die strahlende Ursula Theobald bei mir ist ein kleines Schemelchen, das sie mir schenkte und das mir gelegentlich Sitzerleichterung verschaffte, als es noch nicht die mittlerweile häufig üblichen Holzbänkchen gab. Nicht zuletzt veranstaltete Professor Hungerleider später ein ganzes Sesshin zum Gedächtnis der verehrten Schülerin, die der Krebstod so früh aus ihrem hoffnungsvollen Schaffen riß.

Das Sesshin auf Kirchberg zeichnete sich zum einen durch vielerlei reiche und informative Haiku-Lesungen aus und zum anderen durch die Einführung von Teepausen während des Sitzens, wofür jeder Teilnehmer eine Teeschale neben sein Sitzkissen gestellt bekam. Der Ji-cha oder Tee-Mönch, als der ich fungieren durfte, holte den heißen Tee aus der Küche und bediente dann alle nacheinander mit einem kleinen, zeremoniellen Verbeugungsritual. Als erster wurde natürlich der in der Mitte sitzende Jikijitsu bedient, und mein anfängliches Ungeschick wollte es, daß ich ihm den heißen Tee teilweise über die Hand goß, von der die Schale dargeboten wurde. Mit meinem eigenen Schreck paarten sich einige Zisch-und Unmutslaute aus der Sitzrunde, was Hung-lei durch ein kurzes, bestimmtes: „Weiter!“ beendete, nachdem er sich die Hand mit kräftiger Bewegung am Boden trocken geschlagen hatte.

Ich goß weiter und traf nun auch richtig, bei ihm wie bei allen anderen, deren Händen ich unter der Schale noch eine gewisse Besorgtheit anspürte. Die anschließende Sitzperiode dauerte zwar wie stets „nur“ 25 Minuten, aber sie war die subjektiv kürzeste, die ich je erlebte. Danach verstand ich besser den Hinweis aus einem Text zur Einstimmung in die Zen-Übung, der empfiehlt, man versetze seinen Geist in einen Zustand, als habe man soeben einen Schock erlitten: Da war er – und nie mehr habe ich es willentlich so geschafft!

Im ganz besonderen war es die Kunst der Haiku, jener 17-silbigen Kurzgedichte aus der Tiefe des Zen, der sich Professor Hungerleider verschrieben hatte und mit denen er immer wieder Herz und Gemüt seiner Teilnehmer berührte und erfreute. Dabei kam ihm sicherlich sein großes ästhetisches Sprachempfinden zustatten, das er als langjähriger „Chinese“ (von 1938 bis 1947 in Shanghai lebend) mit dem Charme und Pathos des Österreichers verband. Schon seine Erklärung, was ein Haiku ist, führt in solches Verständnis: „... ein Winken mit der Hand, eine halbgeöffnete Tür, ein reingewischter Spiegel, ein Weg zur Natur zurückzukehren – zu unserer Mond-Natur, zu unserer Kirschblüten-Natur, zu unserer Blätter-Fall-Natur – zu unserer Buddha-Natur. Eine Blume steht dort für den ganzen Frühling – ein fallendes Blatt steht für den ganzen Herbst, für jeden Herbst – für den zeitlosen Herbst aller Dinge.“

Nicht zuletzt durch Anregung aus dem Teilnehmerkreis widmete sich Hung-lei gerade in Kirchberg vermehrt seiner Liebe für die Haiku, die er in der Begeisterung seiner Diktion zu vollem Leben erweckte. Und aus seiner Begeisterung folgte jene der mit ihm Sitzenden, die er aufforderte, eigene Haiku zu verfassen und ihm zu bringen. Dies führte bei Hung-lei zu einer wahren Zettelflut, die noch bis spät in die Nacht hinein unter seiner Zimmertür durchgeschoben wurde. Dabei war natürlich meist die persönliche Freude der Dichtenden größer als das Versmaß, dessen Kunst nur selten gewahrt wurde.

Unnachahmlich seine Rezitation der großen Meister wie Basho (1644-1694):

Vollmond im Herbst.
Die ganze Nacht bin ich
rund um den Teich gegangen.

Von ihm, der schon am Vorabend seines Sterbens erklärt hatte, jeder seiner Verse der letzten zwanzig (!) Jahre sei ein Todesvers oder hinterlassenes Gedicht gewesen, hier sein unweigerlich letztes:

Krank von der Reise
jagen auf trockenem Felde
Träume im Kreise.

Zu dieser Art von „Todesversen" hat Professor Shizuteru Ueda aus Kyoto – seinerseits auch Schüler des Lehrers von Lies Groening, Ohtsu Roshi – trefflich formuliert:

„Unter Zen-Leuten ist es eine Sitte, auf dem Sterbebett ein ganz kurzes Gedicht zu verfassen, das ein ‚hinterlassenes Gedicht' genannt wird. Es ist der letzte Abschiedsgruß mit der Selbst-Zusammenfassung des Ganzen seines Lebens. Dem Sterbenden ist beim Sterben das Ganze seines Lebens in seiner Ganzheit abschließend und gesammelt gegenwärtig. Im Sterben gefaßt, faßt er dieses Ganze zu seiner letzten Selbsterkenntnis im Gedicht zusammen, um es zu lassen, wie es vom Tod hinweggenommen wird, und zugleich, um es als allerletzten Gruß den anderen zu schenken." Und er zitiert als Beispiel:

Vorderseite, Rückseite
Herbstblätter fallen ab.

Von Altmeister Dogen, dem erwähnten Begründer des Soto-Zen im Japan des 13. Jahrhunderts, gibt es zwei „hinterlassene Gedichte":

Der Morgensonne harrt der Tau
auf Gras und Blatt
und schmilzt dahin.
Ach, wehe doch nicht so eilig
Herbstwind über der Heide!
Und dann:
Oh diese Welt – wem kann ich sie vergleichen?
Dem Spiegelbild des Mondes,
in einem Tropfen Tau -
glitzernd am Schnabel der wilden Ente.

Unnachahmlich auch seine dichterisch-freie Art der Übersetzung, besser: Übertragung buddhistischer Grundbegriffe wie:
„Shunyata" als Raum- Zeit- und Zeichen-lose Leerheit
„Sabishisa" als Abwesenheit von Dingen, die nie waren
„Dharma" als das unzeitgemäß- Zeitlose inmitten des Zeitstroms.
Voller Gedichte und Geschichten aus der gestaltlosen Gestalt des Lebens und Erlebens im Zen, erzählte Professor Hungerleider gerne auch immer wieder von persönlichen Begebenheiten wie etwa dem Besuch bei dem Teemeister, der ihn vor dem „Genuß der schaumgewordenen Jade" zur Sammlung seiner Teeschalen führte. Unter manchen scheinbar unscheinbaren Exemplaren, die sich später als die wertvollsten herausstellten, fand er eine für ihn besonders schöne Schale heraus. „Ach ja, die habe ich letzte Woche für ein paar Yen bei Woolworth gekauft" – dämpfte der Meister die Begeisterung des damaligen Zen-Neulings, in dessen Adern erst später der grüne Tee mitzufließen begann. Hierzu paßt die später von mir selbst während eines Japanbesuchs beim Einkauf in einem kleinen, alten Geschäft für Teeschalen erlebte Geschichte. Begleitet von einer japanischen Dolmetscherin, stöberte ich ein wenig nach Schalen auch zum Mitbringen für Freunde in Deutschland, von denen ich schließlich vier oder fünf zum Preis von je 10 bis 20 DM gefunden hatte. Da erst fiel mein Blick auf eine Schale inmitten eines unscheinbaren Stapels – unregelmäßig und besonders

geformt, von erkennbarer Feinheit auch für mein noch wenig geübtes Auge. Der alte Herr und Inhaber des Geschäfts kam aus dem Hintergrund und ließ durch die Dolmetscherin sagen, „der Herr habe aber einen guten Geschmack!" Die Schale war noch von seinem Großvater persönlich geformt worden und kostete 250 DM, mehr als alle anderen zusammen. Natürlich kaufte ich sie – und freue mich noch heute über diese schöne und besondere Entdekkung.

Immerhin war Fritz Hungerleider der erste, der nach der Rückkehr von seiner Studienreise nach Japan und dem Aufenthalt im dortigen Daitokuji-Kloster hierzulande im „Haus der Stille" in Roseburg schon 1962 ein erstes Zen-Sesshin anbot. Und er erzählte später mit Schmunzeln, wie dort in den späten sechziger Jahren ein einfach, aber nach Landessitte gekleideter Japaner unter den Teilnehmern war mit Namen Nagaya. Von ihm wird gleich noch ausführlich die Rede sein. Hier nur soviel: Er beglückwünschte Professor Hungerleider nach dem Sesshin begeistert zu seiner authentischen Art der Zen-Lehre und -Anleitung.

Zum Abschluß noch eine kleine Geschichte von dem „berühmten" Zehn-Tage-Sesshin auf Kirchberg, wo sich bemerkenswerte Dinge ereigneten, wie das völlig unzeitgemäße volle Erblühen eines Kaktus oder anderes, was man heute auch der Kraft morphologischer Felder nach Rupert Sheldrake zuschreiben würde. Aber intensives ZaZen, noch dazu über einen längeren Zeitraum in Gemeinschaft geübt, kann eben auch solche Kräfte freimachen.

Zum Abschluß jenes Sesshin in der letzten Sitzperiode verabschiedete sich Hung-lei mit je zwei innigen, aber wenig schmerzhaften Schlägen mit dem Kyosaku auf den Rücken eines jeden Teilnehmers. Daraus entstand bei mir ein letztes Haiku, das ich ihm übergab und das er auch entgegen sonstiger Übung noch zuletzt vorlas. Es lautete:

Letztes ZaZen
Kyosaku füllt die Stille der Zendo
Jikijitsus Abschied.

Es war auch eine Art vorweggenommenen persönlichen Abschieds, denn das zunehmende Magenleiden schränkte seine Aktivitäten merklich ein. Noch immer aber klingt gelegentlich sein tibetisches Pausenglöckchen in meinem Ohr, das er auf ganz besondere Weise zum Klingen brachte. Und auch, wenn ich manchmal bei meinem persönlichen ZaZen die Asche vom Räucherstäbchen in die Schale fallen höre, vernehme ich seine Aufforderung: „Sie müssen so üben, daß Sie die Asche des Räucherstäbchens fallen hören – so ernsthaft still sein, daß Sie das Blut in Ihren Ohren klopfen hören." Wie gesagt – manchmal gelingt es.

Mein zweites Zen-Sesshin im Sommer 1971 fand statt im Kloster Beuron im Donautal. Eingeladen dazu hatte Dr. Edgar Thriemer von der Deutsch-Indischen Gesellschaft in Stuttgart, der noch zwischen der Zen-Praxis und dem Sri Aurobindo Ashram in Pondicherry in Südindien mit Auroville als „Stadt der Zukunft", von der auch Lassalle berichtet hat, pendelte.

Für die Organisation im Gastflügel der Benediktinerabtei verantwortlich war Pater Gregor Witt, der später in das speziell für die Meditation errichtete Sonnenhaus ziehen durfte, bevor die Weltlichkeit mit Heirat ihn vollends einholte. Als zurückgekehrter Laie und Ehemann gründete er dann in der Nähe von Bad Wurzach in Süddeutschland das christliche Zen-Zentrum auf dem Hof Eintürnen.

Für die eigentliche Leitung des Sesshin, die Einführung und Anleitung zum ZaZen im klassischen Stil und Sinn verantwortlich war ein kleiner, bescheidener, fast unscheinbar wirkender Mann aus Japan mit einer dennoch in seiner Stille unüberhörbaren Präsenz und Stärke: Professor Tetsuo Kiichi Nagaya, Laien-Zen-Meister, Jahrgang 1895, verheiratet, sechs Kinder und mit einem Lehrauftrag für Ethik an der Kaiserlichen Universität von Tokyo.

Zu jener Zeit hielt er auch noch einleitende Vorträge (Teishos) zur Meditation, für die ihm sein etwas gebrochenes Deutsch aus der Studienzeit in den 20er Jahren in Marburg zugute kam. Man mußte schon sehr konzentriert zuhören, um ihn zu verstehen – was

Die Teilnehmer am Sesshin mit Professor Nagaya im Kloster Beuron im Sommer 1971

seiner Aufforderung entsprach, mit dem ganzen Körper und aus der unverwandt eingenommenen Haltung des ZaZen zu lauschen. Leicht war ihm dazu die Bekundung abzunehmen, daß er auch in der Universität in Japan immer erst dann spreche oder vortrage, wenn alle Hörer konzentriert und still in korrekter Haltung hörbereit seien. Dabei konnte es auch einmal passieren, daß er gar nicht sprach, sondern den Raum nach entsprechendem Warten wieder verließ, wenn keine volle Aufmerksamkeit im Auditorium entstanden war.

Ebenso im Kloster Beuron bei seinem Sesshin. Die Zeiteinteilung entsprach einem gemilderten japanischen Modell, und vor allem galt vollkommenes Schweigegebot, im Sprechen wie im Lesen. Radio oder Fernsehen gab es ohnehin nicht im Kloster, ebensowenig wie Handys in jener Zeit – und Zeitungen oder Bücher waren auch zu meiden, mit Ausnahme des einen oder anderen Zen-Textes. Nagaya dazu selbst: „Nicht hundert verschiedene Bücher soll man lesen, sondern lieber ein richtiges Buch hundertmal!“ Und er ließ auch keinen Zweifel daran, welches er meinte: „Zen, der lebendige Buddhismus in Japan“ von Ohasama-Faust. Aus diesem Buch pflegte er am Abend zum Abschluß eines Zen-Tages die Texte „Reue“ und „Gelöbnis“ auf japanisch zu rezitieren sowie den „Chorgesang des Hakuin“, den auch alle Teilnehmer mindestens einmal abzuschreiben hatten. Dieses Buch, in der von Professor Nagaya aus Japan für seine Schüler und Freunde nach Deutschland mitgebrachten Faksimile-Ausgabe des Originals von 1925, war denn auch das erste, welches ich überhaupt las – zum Glück, ohne mich zuvor durch andere Lektüre für die praktische Zen-Übung vorver-bildet zu haben.

Vor allem aber galt, auch in der Stille des Schweigens, das selbst bei den Mahlzeiten gewahrt wurde, die strenge Disziplin der totalen Aufmerksamkeit. So wurde mit dem Essen erst begonnen, wenn alle sich genommen hatten, und als letzter gab der Meister seinen Teller ab, wenn auch alle anderen für ihn erkennbar zu Ende gegessen hatten. Und wenn dann beim Abräumen das Besteck manchmal zu laut in den Tellern klapperte, konnte er schon einmal laut ausrufen: „Messer – Gabel – weint!“ Selbstverständlich mußte jeder Teller sauber leergegessen sein, denn wie in Japan galt: „Kein Körnchen Reis und kein Tröpfchen Suppe darf vergeudet werden!“

Besser als alle Erläuterungen vermag dies der Tischspruch zu erklären, den er selbst aus dem Japanischen übersetzt hatte und von den Teilnehmern bei jeder Mahlzeit abwechselnd vorlesen ließ:

Tischspruch

1. Denke daran, woher diese Speise kommt und wieviel Arbeit damit verbunden war.

2. Iß soviel, wie Du Gutes getan hast.

3. Sieh Dich vor, daß Du nicht zerstreut oder geizig bist.

4. Wir essen, um gesund zu sein, nicht um zu genießen.

5. Iß, um die Wahrheit zu verwirklichen.

Beim ersten Bissen geloben wir, nichts Böses mehr zu tun.
Beim zweiten Bissen geloben wir, nur Gutes zu tun.
Beim dritten Bissen geloben wir, alle Wesen zu erretten.
So vollenden wir den wahren Weg.

Nach dem Essen lautete der Dank:

Wir haben gegessen. Wir haben neue Kräfte bekommen.
Wenn wir absichtslos sind, werden alle Wesen wunderbare Kräfte erhalten.

Dabei kam es auf die genaue Wiedergabe des Textes an, worauf beim Lesen unbedingt zu achten war; bei besonderer Gelegenheit rezitierte Nagaya den Tischspruch auch einmal selbst auf japanisch. Daß die darin enthaltene Aufforderung nur bedingt verwirklichbar ist, wurde jedem klar, der sonst nichts mehr hätte essen dürfen. Was jedoch den Genuß des Essens betraf, woran sich viele störten, so pflegte er zu erklären, daß man natürlich beim Essen auch genießen dürfe. Mit Recht wurde jedoch darauf hingewiesen, daß wir nicht essen, um zu genießen, sondern um neue Kräfte zu bekommen – mit oder ohne Genuß.

Solche Disziplin galt neben Zendo und Eßraum schon für den Vorraum, in dem die Schuhe vor der Tür abgestellt wurden. Daß dies durchaus präzise nebeneinander in einer Reihe geschehen kann, wurde mit der Zeit auch den nachlässigeren Übenden klar, wenn der Meister beim Eintreten in die Halle noch das eine oder andere Paar Schuhe zurechtrückte. Selbst für den Gastpater Gregor war dies zunächst so ungewohnt und unangenehm, daß er aus Protest seine Sandalen unordentlich quer durch die Luft schleuderte und damit seinem Unmut Luft machte. Unvergeßlich allen Teilnehmern, wie Nagaya nach dieser Explosion leise hinging, die Schuhe aufhob und sie mit einer Verbeugung dem Pater zurückbrachte: wahrscheinlich die eindrücklichste Belehrung, die jenem je in Wortlosigkeit zuteil wurde.

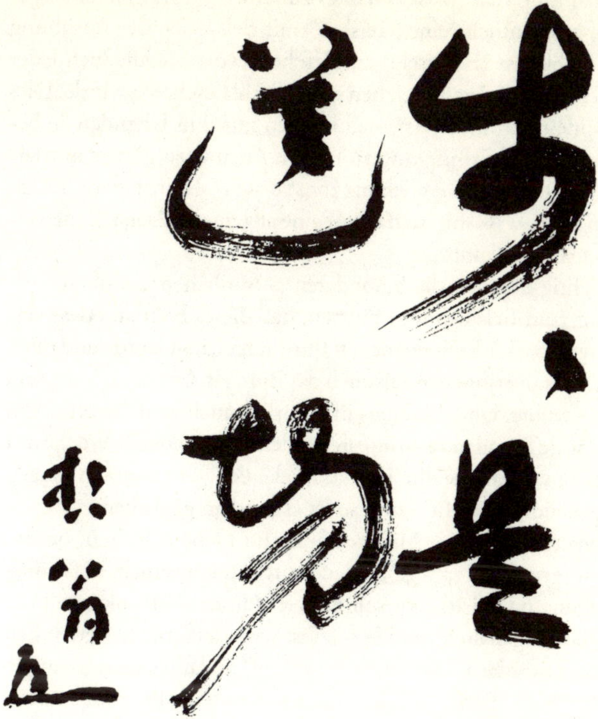

„Ho Ho Kore Dojo" = Tuschspur von Nagaya

Zur richtigen Übung und Sitzhaltung („Nase – Nabel – senkrecht!") gehört es, diese nicht nur in der Übung des ZaZen, sondern bei jeder Gelegenheit einzunehmen: auf dem Stuhl, auf der Toilette, im Zug, im Flugzeug, im Auto – „überall ist die Zen-Halle!" Gerade dieses Wort als freie Übersetzung von „Ho Ho Kore Dojo" – wörtlich: „Schritt für Schritt, das ist der Weg-Ort" war die erste Tuschspur oder Kalligraphie, die mir der Meister widmete.

Dazu muß man wissen, daß es zu seinen Gepflogenheiten gehörte, gelegentlich seine „Teishos“ mit Beispielen der Ausübung der Tuschkunst (Bokuseki) zu versehen, wovon schließlich jeder Teilnehmer mit einem Zeichen seiner Wahl beschenkt wurde. Dies war seine persönliche Art, sich bei den mit ihm Übenden zu bedanken und in Erinnerung zu halten. Auch dazu gibt es mittlerweile eine Buchveröffentlichung zum 90-sten Geburtstag von Tetsuo Kiichi Nagaya Roshi[8], so daß auf eine allgemeine Darstellung verzichtet werden kann.

Wichtig dagegen die besonderen persönlichen Umstände, die bei mir zum Beispiel dazu führten, daß dieses Blatt an etwas verstecktem Platz in meinem neuen Büro aufgehängt wurde und mich täglich daran erinnerte, daß auch das Büro ein Ort der Übung sein sollte – wollte. Und dasselbe gilt natürlich auch vom Auto, in dem wir so viele Stunden verbringen. Bei der Abreise aus der Woche mit Nagaya in Beuron stellte ich die Rückenlehne in meinem Wagen weitgehend senkrecht – und so ist es seitdem geblieben.

Aber nicht nur im Sitzen – auch im Gehen, Stehen, Sitzen, Liegen (gyo – ju – za – ga), in jeder Art von körperlicher Haltung, Bewegung oder Tätigkeit soll der Geist in der Versunkenheit der Meditation gehalten werden – selbst wenn äußerliche Bewegtheit ihn herausfordern: „Alles Leben ist Zen!“ So lautet auch ein anderes Zeichen: „Berg – Fluß – Gras – Baum – alle Dinge haben Buddha-Natur.“ Diese in allen Dingen respektieren zu lernen, dazu soll Zen uns helfen. Gerne wies Nagaya in Beuron immer wieder auf die gewaltigen Felsen im Donautal hin: „So schön, so gerade, so muß man sitzen!“ Und: „Der Berg-Tempel hat keinen Kalender!“

Auf die Relativität der Zeit, die sich in der Zen-Übung immer wieder auf die Ausschließlichkeit von „Hier und Jetzt“ zu reduzieren und zu konzentrieren hat, weist schelmisch auch der Hinweis: „Spricht man vom nächsten Jahr, so lacht der Teufel!“ Und dennoch wurden natürlich auch mit dem verehrten Lehrer Nagaya immer wieder neue Zeitpläne für neue Jahre gemacht. Sein eigenes

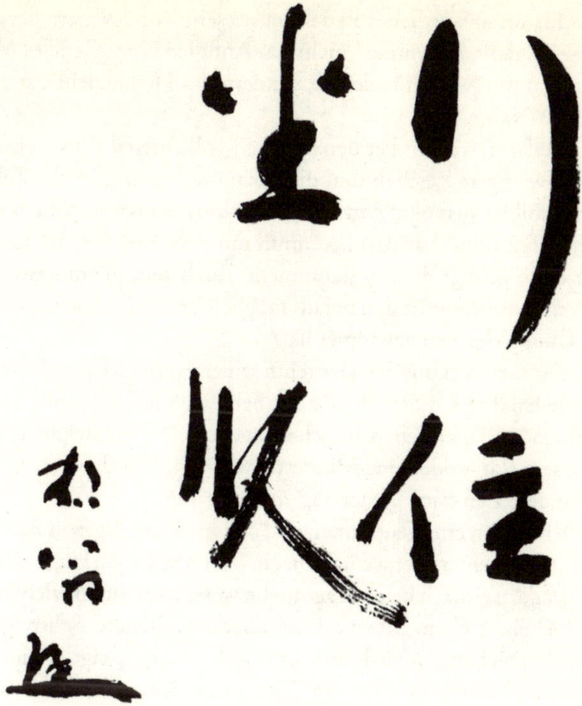

„Gyo – Yu – Za – Ga“ = im „Gehen, Stehen, Sitzen, Liegen“ – Tuschspur von Nagaya

Gelöbnis war es zunächst, mindestens bis zum 80. Geburtstag im August 1975 regelmäßig zu Zen-Übungen nach Deutschland zu kommen – was schließlich um weitere zehn und mehr Jahre übertroffen wurde.

Doch zunächst noch zurück ins Jahr 1971. Eine andere Tuschspur aus jenen Tagen sagte es sehr eindrücklich: „Der Lehrer darf nur lehren, was er selbst gelebt hat!“ – denn nur das kann der Schüler nach-er-leben. Dies wäre sicher eine hilfreiche Maxime auch für unser westliches Erziehungswesen, wozu Nagaya darauf hinweist, daß „Erziehung“ nicht das Anfüllen eines Gefäßes (des Schülers) mit Wissen bedeutet, sondern das Herausziehen seiner Buddha-Natur.

Und dann, während er den klassisch-vollendeten Kreis (Enso), das schwierigste Zeichen und die bekannte Nummer 8 der Zehn Ochsenbilder aus voller Zen-Konzentration heraus voll-zieht, murmelt er fast unhörbar dazu: „... muß mit dem Kosmos eins sein!“ Nur dann gelingt diese vollkommene Tuschspur, die nur aus der Vervollkommnung dessen heraus möglich ist, der ihr sein Leben in der Übung des Zen gewidmet hat.

Dazu auch regt uns der Meister in seiner ganzen Menschlichkeit an: „Jeden Tag ein Stäbchen“, das heißt, die halbe Stunde eines brennenden japanischen Räucherstäbchens ZaZen zu üben, das wäre sein Rat – oder eine Mindestanweisung. Erst dann auch gilt der andere Zen-Satz: „Jeder Tag ein guter Tag!“

Ich habe ihn ernstgenommen und übe seit jenen Tagen in Beuron (fast) täglich eines oder wenigstens ein halbes Stäbchen lang ZaZen. Es gibt dazu einfach keine Frage mehr, wenn man ihn so erlebt hat: Im Gehen, Stehen, Sitzen, Tuschzeichnen, Reden, Schweigen, Lächeln, Weinen. „Zen-Mann kann gut weinen“, sagt er einmal dazu, als er die Geschichte vom Tode seines siebten Kindes erzählt – und es liegt dabei eine Stimmung über der Stille der Zendo im Kloster, als sei ein Engel durch den Raum geschwebt.

Er hält versonnen inne, fragt: „Alles bezahlt?“ womit er meint, ob jeder Teilnehmer zum Ende des Sesshin seine persönliche Tuschspur bekommen habe. Da kommt plötzlich erneut ein Engel in den Raum, durch das geöffnete Fenster, mit Vogellauten. Noch einmal greift er zu Tuschpinsel und Papier: „Vogel-Stimme“ ist das letzte Zeichen, mit dem sich diese erste intensive, in-Zen-tiefe Begegnung mit dem Roshi Tetsuo Kiichi Nagaya beendet, die für mich wohl Lebens-Weg-weisend war.

Während des Sesshin im Sommer 1971 hatte ich meine damalige berufliche Position gekündigt und war dann im Oktober mit dem Tuschzeichen von Nagaya hoffnungsvoll in das neue Büro in Ingelheim eingezogen. Von dort aus führte mich 1972 eine Studienreise mit Kollegen aus dem Personalwesen verschiedener deutscher Firmen für drei Wochen durch die USA, wo ich zum Ende der Reise Philip Kapleau (Jg. 1912) in Rochester besuchen konnte. Sein Buch „Die Drei Pfeiler des Zen" hatte mittlerweile als einer der ersten Zen-Klassiker auch in Deutschland großen Erfolg, so daß ich mich zu einem sonntäglichen „Sitting" bei ihm anmeldete. Da ich am Vorabend etwas Zeit hatte, spazierte ich vom Hotel zu seinem Dojo und wurde dort prompt von einem jungen Mann hereingebeten. Philip Kapleau saß im Gespräch mit Albert Low[9] offenbar am Ende eines vorausgegangenen Sesshin, wie sich herausstellte. Unter Bezugnahme auf meinen Brief, mit dem ich mich im „Zen Center" angemeldet hatte, erzählte ich von meinen geringen Erfahrungen bei Hungerleider und Nagaya, woraufhin Kapleau sichtlich verwundert ausrief: „What a Sesshin is that where you are doing calligraphy?!" Die besondere Art der Tusch-Teisho von Nagaya vermochte ich ihm offensichtlich nicht zu vermitteln. Aber dann kam es noch schlimmer. Als ich ihm unsere im Rinzai-Zen übliche Art des Sitzens mit dem Rücken zur Wand erklärte, meinte er: „So you mean you are sitting facing each other?" Meine Antwort: „No, not facing each other, facing the ground between each other!" hat ihn wohl nur teilweise befriedigt.

Dennoch war es – auch mit dem Manager Albert Low zusammen – ein gutes Gespräch, das mich auf die sonntägliche Übung in der Zendo einstimmte. Dort saßen natürlich alle Teilnehmer mit dem Gesicht zur Wand bzw. zu einer extra inmitten des Raumes aufgestellten Zwischenwand. Wie üblich kam ein Jikijitsu mit dem Warnstab und kündigte auch seine Schläge von hinten vorher durch leichtes Antippen an. Überraschend war dagegen, daß der Roshi aus seinem Raum per Mikrofon mitten in die Sitzperiode hinein – und ohne Ankündigung – sprach und Mitteilungen machte, was spontan doch etwas störend wirkte.

Philip Kapleau-Roshi 1972 in Rochester

Erst später befaßte ich mich ausführlicher mit seinem Buch, in dem auch entgegen bisheriger Übung über Erleuchtungserlebnisse von acht Personen berichtet wird – zwei davon per Anfangsbuchstaben leicht identifizierbar als K.Y. = Yamada Koun Roshi und

P.K. = Philip Kapleau selbst. Auch von seiner Begegnung mit Pater Lassalle bei Harada Roshi im Hosshin-ji erfuhr ich später, wobei Lassalle offensichtlich dafür verantwortlich war, daß Kapleau schließlich auch den halben Lotussitz zum ZaZen einnahm, während ihm Harada Roshi zuvor einen Stuhl erlaubt hatte. „Even if it kills me, I am going to learn to sit as Father Lassalle sat!"

Was er wohl nicht wußte war, mit welchen Schwierigkeiten Lassalle selbst anfänglich im halben oder später vollen Lotussitz zu kämpfen hatte. Als Hilfe dazu benutzte er einen Schrank in seinem Zimmer, der unten gerade so viel Freiraum ließ, daß er im Sitzen die Knie am Boden darunter schieben konnte. Lange genug geübt, vermochte er schließlich die Schmerzen auszuhalten und dann später sogar im vollen Lotussitz zu sitzen, wie ich es selbst im Dominikanerkloster in Frankfurt sehen konnte. Wesentlich heftiger und schmerzhafter kann es übrigens den Zen-Neuling im Kloster in Japan treffen, dem sich ein Kollege solange mit seinem vollen Körpergewicht auf die angewinkelten Knie stellt, bis diese am Boden bleiben!

Als Philip Kapleau noch gelegentlich reiste und auch nach Europa kam, haben wir ihn im Jahre 1975 zu einem eintägigen Sesshin beim „Frankfurter Ring" eingeladen. Seine jungen Begleiter mußten den Saal für die unerwartet vielen Teilnehmer mit großen Packpapierrollen in zusätzliche Wände einteilen, gegen die man sitzen konnte. Bevor dann die jungen Leute mit dem Kyosaku losgeschickt wurden, wo es bald kräftig knallte, hatte Toni Packer – die damals noch als Assistentin für Kapleau arbeitete und dolmetschte – extra darauf hingewiesen, daß man bitte Perlenketten und ähnliches abnehmen möge, um sie nicht durch die Schläge zu gefährden (!). Ob es die unbewußte Furcht davor oder der ungewohnte Hocksitz war: Eine jüngere Anfängerin im Zen kippte einfach um und wurde von helfenden Händen aufgefangen und im Nebenraum in Ruhestellung gebracht, während das „Sitting" sich ungerührt und ungestört fortsetzte.

Nach der Rückkehr aus Rochester zeigte mir ein damaliger Kollege auf der Chefetage bei Boehringer in Ingelheim eine Buddha-Figur, die er sich von einer Asienreise mitgebracht hatte. Max Rüegger hatte wohl auch das Zen-Bild in meinem Büro gesehen und fragte mich, ob ich die Schallplatte „Zen – Sound and Silence" kenne, der er dort begegnet war, doch ich mußte dies leider verneinen. Die müsse ich mir unbedingt besorgen, meinte er, denn es handele sich um Originalaufnahmen aus dem Eihei-ji, dem Haupttempel des Soto-Zen in Japan.

Da es bis zu meiner ersten Japanreise jedoch noch einige Jahre dauern sollte, wurde ich zu meiner ganz großen Freude an meinem 40. Geburtstag mit dieser Musik überrascht durch zwei Mitarbeiterinnen aus dem damaligen Büro: Karin Braun und Angelika Buth. Unter Aufbietung allen fast kriminalistischen Spürsinns und Heranziehung aller möglichen Quellen und Informationen war es ihnen schließlich gelungen, die Schallplatte über einen Kanal in den Niederlanden zu besorgen – bravo! Die beiden Damen mußten auch erst lernen, mit meinem wohl etwas veränderten Bewußtseinszustand zurechtzukommen, wenn ich, anstatt aus einem normalen Urlaub, von einem Zen-Sesshin zurückkam, was sich aber wohl eher positiv und beruhigend auf die Atmosphäre bei uns im Büro auswirkte. Ähnliches galt auch von meinem gelegentlich in der Mittagspause praktizierten „Zen im Liegen" (Ga-Zen) auf dem Teppichboden hinter verschlossen-bewachter Tür, wovon ich nach etwa zehn Minuten erfrischt wieder aufstand. Später erst hörte ich, daß eine der Damen dies in meiner Abwesenheit nachzumachen suchte – wobei sie prompt für über eine Stunde tief und fest am Boden eingeschlafen war!

Renpo Niwa Zenji, 1993 90-jährig verstorbener Abt des Eihei-ji

KAPITEL 3

Erste Japanreise (1975) mit Besuchen im Tenryu-ji (Professor Takeichi und Hirata Roshi), im Eigen-ji (Seki Yuho Roshi), im Myoshin-ji (FAS-Treffen mit Professor Masao Abe) und bei Hoseki Shinichi Hisamatsu in Gifu

Im Jahre 1975 war es endlich soweit, daß mich Hubertus Liebrecht (1931-1991), damaliger Haupteigner der Familienfirma und Vorsitzender der Geschäftsleitung, zusammen mit Professor Friedrich Fürstenberg für Boehringer in geschäftlicher Mission nach Japan schickte. Was ich am Rande dieser Reise auch im Hinblick auf Zen erleben konnte, sollen die nächsten Seiten festhalten.

Durch den „Frankfurter Ring" verfügte ich über einige Informationen und Hinweise, insbesondere die Adresse von Professor Akihiro Takeichi, den ich mit Unterstützung des Boehringer-Büros dort telefonisch und dann auch persönlich erreichte. Dazu brachte ich ihm außer der obligaten Visitenkarte auch den Prospekt des „Frankfurter Rings" mit den Zen-Fotos mit, in dem mein Name als Vorstandsmitglied vermerkt war. Zu meiner großen Freude wandelte sich seine anfängliche Zurückhaltung von da an spürbar zum Positiven, und er versprach, mir bei meinen Besuchsplänen am Wochenende und am Rande der Geschäftsreise zu helfen, wo ihm dies möglich sei.

Unsere erste Adresse war dann an einem Sonntagmorgen der Tenryu-ji oder „Tempel des Himmelsdrachen" mit seinem Abt Takashi Hirata Roshi, mit dem Takeichi offenbar gut bekannt war. Noch auf dem Weg dorthin fragte ich ihn, ob denn Buddhisten Alkohol trinken dürfen – denn im Wissen um den Brauch von Geschenken bei Besuchen in Japan hatte ich ein paar Flaschen

Wein mitgenommen. „Aber nein, – Alkohol trinken die Mönche natürlich nicht, aber Hanja-to (Weisheitswasser) trinken sie sehr gerne!" war die Antwort.

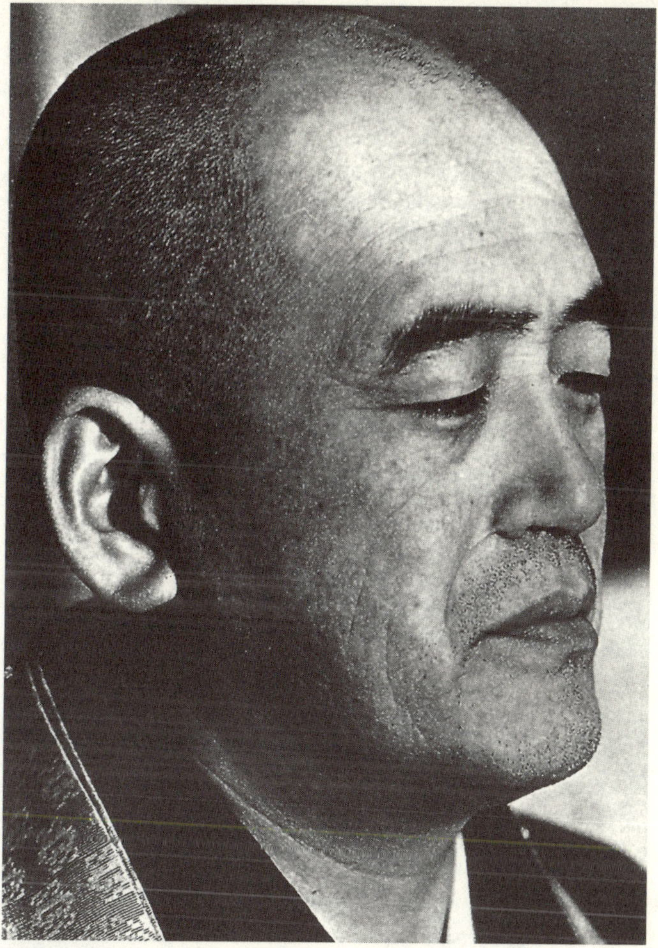

Professor Takashi Hirata Roshi, Abt von Tenryu-ji

Bei Hirata wurden wir, zusammen mit einem amerikanischen Ehepaar samt Dolmetscher, zu Gespräch und Tee empfangen. Die Unterhaltung blieb dadurch mehr an der Oberfläche und wurde ergänzt durch einen Besuch des berühmten Tempelgartens, der zu den Attraktionen von Kyoto gehört und durch den uns der Abt selbst führte. Auffällig für mich war sein verhalten-schwungvoller Gang, mit dem er leichtfüßig und doch bodenfest vor uns her schritt. Auch bei späterer Gelegenheit fiel mir wieder dieser konzentriert-lockere Schritt auf, mit dem ich ihn einmal barfuß von hinten über die Tatami kommen hörte, als ich im Vorraum auf ihn wartete: Ich habe ihn wahrlich mit den Ohren kommen sehen.

Auf dem Weg im Garten hatten wir auch die Möglichkeit, über sein neuestes Projekt zu sprechen: das Buch über das „ostasiatische Nichts" von Hoseki Shinichi Hisamatsu, das er als früherer DAAD-Stipendiat in Deutschland 1963-1965 und mit Unterstützung des deutschen Tenryuji-Mönchs Heinz Anneser und Johanna Fischer aus dem Japanischen übersetzte. Wenig später erschien dann das Buch unter dem Titel „Die Fülle des Nichts"[10].

Zurück im Raum des Roshi auf den Sitzkissen: letzte Fragen und Übergabe der Geschenke. Da schwingt sich Hirata von seinem Sitz an dem großen Kessel mit der heißen Asche für den Tee hinüber zu einem kleinen, flachen Tisch, wo er mit dem großen Pinsel behende drei Tuschzeichen auf bereitliegendes Geschenkpapier wirft. Er schreibt zweimal „Mu" (Nichts) und einmal „Do" (Weg), wie ich aus den Augenwinkeln heraus erkenne. Schade, denke ich bei mir: Dann bekommen sicher die beiden Amerikaner nicht dasselbe, sondern einmal Mu und einmal Do – und ich hätte so gerne den Weg gehabt, wo mir doch Nagaya schon das Mu geschenkt hatte ... Die Gäste erheben sich nun auch, und die Amerikaner verabschieden sich zuerst – jeder mit einer Zeichnung im Umschlag in den Händen. Mit einem leisen Lächeln und einem leichten Schritt nach vorn übergibt mir der Roshi meinen Umschlag als letztem und sagt dazu: „Do – der Weg"! Er muß es erspürt haben, daß ich mir dieses Zeichen wünschte, und ich bin berührt und beglückt.

„Do – der Weg" von Hirata Roshi

Da faßt mich aber doch beim Abschied Heinz Anneser, der bayerische Mönch auf Zeit im Tempel, noch kurz am Arm und flüstert mir zu: „Nächstes Mal bringst aber einen Frankenwein mit, den mag der Chef nämlich lieber!" – und ich versprech's, wo ich doch dieses Mal Weisheitswasser vom Rhein mitgebracht hatte.

„Zen – Zauber oder Zucht?" lautete der Titel eines ersten informativen Bildberichts von 1973 zu diesem Thema, der auch viele Fotos aus dem Tenryu-ji enthält, wo nicht zuletzt Abt Hirata Roshi in eindrücklicher Meditationshaltung zu sehen ist.

Als meine Mutter dieses Bild auf meinem Schreibtisch entdeckte, meinte sie nur: „Ja, den verstehe ich; der ist ja majestätisch und demütig zugleich!“ Ohne viel Ahnung von Zen zu haben, traf sie hier ins Schwarze der Fülle des Nichts. Und dabei hatte sie kurz zuvor noch damit gedroht, alle Figuren und Bilder meiner Buddhas umzudrehen, wenn ich ins Büro ginge, denn: „... die schauen mich ja alle an!“ und das glaubte sie in der kleinen Wohnung wohl nicht aushalten zu können.

An einem Samstagnachmittag begleitete mich die liebenswürdige Boehringer-Sekretärin zum Miyako-Hotel in Kyoto, wo ich Professor Masao Abe treffen sollte. Es war vorgesehen, daß er zusammen mit mir zu dem wöchentlichen Treffen der FAS Laien-Zen-Gruppe in der Reiun-in des Myoshinji-Tempels gehen würde, und ich war schon sehr gespannt. Keiner von uns beiden kannte Professor Abe, und so hielten wir einfach den Blick auf die Eingangstür geheftet. Und dann geschah es in der Tat, daß dort in der traditionellen japanischen Kleidung ein Herr eintrat, selbstverständlich und bescheiden zugleich, sich ein wenig umschauend und mich, den Europäer, unschwer erkennend: Masao Abe, Jahrgang 1915. Wir fuhren mit dem Taxi zum Tempel, wo wir etwas verspätet ankamen und er mir in aller Stille Platz und Sitzkissen anwies. FAS steht für:

F = Formless Self – gestaltloses Selbst
A = All Mankind – die ganze Menschheit
S = Superhistorical History – zeitlose Geschichte

und entstand so 1958 aus dem seit 1944 bestehenden „Seminar für die den Weg Lernenden“. Gründer dieses Seminars war – zusammen mit Masao Abe – Hoseki Shinichi Hisamatsu, worüber später ausführlich berichtet wird.

Das Besondere an den FAS-Zusammenkünften ist ihre Offenheit auch für Fremde, mit denen in englischer Sprache kommuniziert wird, und die Tatsache, daß sich überhaupt nach Sutren-Rezitation und gemeinsamem ZaZen bei Tee und Keksen noch ein Gespräch entwickeln darf. Zwar dient dies meist der Auslegung und Vertiefung Zen-philosophischer Texte, doch ist auch Raum für Allgemeines und Persönliches. So wurde ich seinerzeit durch Professor Abe als Mitglied des Zen-orientierten „Frankfurter Ring“ vorgestellt und lernte dort die Studentin Claudia Lenel kennen, deren Eltern auf der Binger Elisenhöhe in unserer unmittelbaren Nachbarschaft wohnen. Ähnlich dem Schicksal von Ursula Theobald starb auch sie eines sehr frühen Todes, doch nicht ohne vorher noch im Herbst 1975 mit mir und Professor Abe einen Besuch in Rütte bei Graf Dürckheim zu machen. Als Gast bei Familie Lenel hatte Masao Abe sich dies gewünscht, und ich war froh, diese persönliche Begegnung herbeiführen zu können. So begann im Myoshin-ji auch eine langjährige Freundschaft zu Professor Abe, wovon noch die Rede sein wird.

Professor Masao Abe mit Karlfried Graf Dürckheim in dessen Haus in Rütte

Wenig später, im Frühjahr 1977, waren meine Frau und ich erneut bei Familie Lenel zu Gast, wo die japanische Nonne und Schreibmeisterin Kogatsu zu Besuch war. Da meine Frau die Tochter Anja als Baby auf dem Arm hatte, schrieb die Nonne den Vers: „Der Buddha hat eine Träne geweint – und Anja wurde geboren."

Nach dem Treffen mit der FAS-Gruppe fügte es sich besonders günstig, daß ich in seinem Haus in Gifu einen der ganz Großen des Zen in neuerer Zeit besuchen durfte: Hoseki Shinichi Hisamatsu (1889-1980). Wieder war es der liebenswürdige Professor Akihiro Takeichi, der für Begleitung und Übersetzung sorgte, zusammen mit Sen'ichiro Higashi, einem langjährigen Schüler und Vertrauten von Hisamatsu. Er war es auch, der telefonisch die Bestätigung des Besuchstermins herbeiführen konnte – für eine Stunde, wie uns gesagt wurde. Als er dann den Meister auch noch fragte, ob er mir nicht etwas von seiner Methode werde

Hoseki Shinichi Hisamatsu vor seinem Haus in Gifu

mitteilen wollen, war die Antwort: „Dazu muß ich den Fremden erst einmal sehen!"

Unserer ansichtig geworden, die wir noch in respektvoll tiefer Verbeugung zur Begrüßung am Eingang verharrten, kam Hisamatsu auf mich zu, gab mir die Hand nach westlicher Art und sagte auf deutsch: „Herzlich willkommen!" Als wir dann alle um den flachen Tisch saßen, wurde Tee gereicht – und zwar zur Begrüßung des Fremden aus dem Westen schwarzer (japanisch: roter) englischer Tee, bevor später auch japanischer grüner Tee getrunken wurde.

„Tiefster, wahrer Anthropos" – die existentiell tiefstmögliche Dimension des Menschseins zu entwickeln und zu verwirklichen, darum gehe es im Zen, sagte der Meister, von dem genau diese Ausstrahlung in grenzenloser menschlicher Güte ausging. Bald waren wir in ein für mich immer auswegloseres Gespräch über Zen und Zen-Probleme vertieft, in dem ich als eindeutiger Anfänger die Antwort oft schuldig bleiben mußte. Als ich erklärend darauf hinweisen wollte, daß es schwierig sei, in Deutschland ohne einen authentischen Meister oder Lehrer Zen üben zu müssen, sagte er nur – und wiederum auf deutsch: „Das macht gar nichts; der Meister sind Sie selbst!" Und wieder und wieder mußte ich mein Noch-Nicht-Wissen zeigen und bekennen, insbesondere dann, wenn Takeichi etwa die Frage mit der Aufmunterung des Übersetzers verband: „Das ist jetzt eine ganz wichtige Frage!" Natürlich hatte ich das längst bemerkt und konnte nur beschämt sein ob meines Versagens.

Zum Glück aber ließ mich der gütige Meister dies keinesfalls spüren, sondern fand immer neue Wege zur Fortsetzung unseres inhaltsreichen und tiefgehenden Dialogs. So auch, als er mich auf die Bildrolle in der Tokonoma-Nische hinwies, die eine einzelne, große Hand aus kräftigen Tuschstrichen zeigte. Schon beim Hereinkommen hatte mich diese Hand fast physisch geschlagen und ich versuchte, alle möglichen Erklärungen dafür zu finden, was dies bei mir auslöste. Nur auf eines kam ich nicht – den Ton der einen Hand im Koan von Hakuin! Und dann erfuhr ich noch, daß es sich um eine Originalzeichnung von Hakuin handelte: Noch immer seh-höre ich den Ton dieser einen Hand!

Schließlich – und wir blieben drei Stunden statt der einen vorgesehenen – kam die Frage noch einmal auf Hisamatsus Methode, die Higashi gerne für mich erklärt wissen wollte. Dazu gab mir der Meister sein Koan: „Man muß in die absolute Ausweglosigkeit eintreten". Nach dieser Übersetzung durch Takeichi glaubte ich schon, ein bißchen verstanden zu haben und fragte zurück: „Das heißt also, das Unannehmbare annehmen?" Nein, sagte der Meister sofort fast heftig und unterstrich dies mit einer Bewegung von Zeigefinger und Kopf: „Nicht annehmen – eintreten!"

Es wird also eindeutig persönlich aktives Handeln verlangt, auch im Nicht-Handeln, das sich keinesfalls auf bloß passives Hinnehmen beschränken darf. Mit diesem Koan lebe ich nun seitdem noch immer auf dem Weg in die – oder in der – Ausweglosigkeit, die mir Hoseki Shinichi Hisamatsu an jenem 5. Mai 1975 im Gespräch sozusagen ständig, wenn auch gütig und liebevoll demonstrierte.

Wenig später, zurück in Deutschland, zeigte auch Professor Masao Abe bei einem Besuch im Hause Fritz Kroegers die Lösung des Koans – eines Koans – aller Koans? „Vorwärtsschreiten" – machte er vor, indem er es tat, den erhobenen Kyosaku in der Hand, den Blick leicht gesenkt und vorwärtsschauend – nicht rückwärts, wo der Fuß inzwischen seinen letzten Stand-Punkt verlassen hatte, den man jeweils nie sehen oder erkennen kann, während man darauf steht. An nichts festhalten, wurde damit auch gezeigt – sein wie der Spiegel, der existentiell nichts enthält und nur phänomenologisch die Bilder wiedergibt, die vor ihm und damit in ihm erscheinen, um jeweils im Entstehen der Bewegung wieder zu vergehen.

Als es damals in Gifu zum Austausch der Geschenke bei Hoseki Hisamatsu kam, hatte der Meister für jeden von uns schon eine Tuschschrift vorbereitet. Für mich hatte er einen alten chinesischen Text geschrieben: „Es kommt ein Freund aus der Fremde her, ist das nicht eine Freude." Zwischen die beiden Satzteile fügte er noch ein: „Und wir besprechen und hören die Weisheit" – womit er den Verlauf des ganzen erfüllten Nachmittags vorweggenommen hatte, noch bevor dieser geschah. Zusätzlich schrieb er mir seinen Tusch-Weg mit „Mu" auf das Titelblatt seines Buches „Zen and the Fine Arts", das ich mitgebracht hatte. Und gerade, daß die Tuschspur des 86jährigen Meisters ein wenig zitterig blieb, macht ihre lebendige Stärke und Authentizität auch im nachhinein aus.

Zum Glück hatte mir die freundliche Sekretärin noch ein repräsentatives Buch über „Gestein" eingepackt, das die Firma Boehringer seinerzeit mit einem Kommentar von Ernst Jünger herausgegeben hatte. Als der Meister es ausgepackt hatte, ging ein Lächeln über sein Gesicht, und er ließ mich fragen, ob ich denn die Bedeutung seines Zen-Namens „Hoseki" kenne? Dieser lautet nämlich „die Umarmung des Steins" – was ich natürlich nicht wußte und was mich doch erheblich betroffen, berührt und nachdenklich sein ließ über diese typische Zen-Koinzidenz.

Ich mußte dann das Buch noch mit meiner Widmung für ihn versehen, und nachdem wir vorher viel über Kalligraphie und Schriften gesprochen, er mir sogar noch einen Katalog seiner Ausstellung von „Bokuseki" geschenkt hatte, schaute er lange auf meine Schrift und meinte dann, dies sei auch eine schöne Kalligraphie... Verständlich wohl, daß sich zu meiner Betroffenheit fast noch Beschämung einstellte. Dies auch, als er beim Abschied aus einem Rahmen neben der Haustür noch eine kleine Kalligraphie herausnahm und mir schenkte: „SE KAI I SHIN", als Sekai Ishin gelesen „Weltrevolution" oder Erneuerung der Welt bedeutend. Zu sehen ist dieses Zeichen als Abbildung in einer weiteren Schrift von Hisamatsu: „Philosophie des Erwachens – Satori und Atheismus"[11].

Es war spät geworden, und ich lud meine beiden Begleiter zum Abendessen im Miyako-Hotel ein, wo wir natürlich auch deutschen Wein tranken. Der Schlüssel zu meinem Zimmer, den ich zuvor bei der Rezeption abholte, trug die Nummer 1933 – mein

Geburtsjahr! Grund genug, noch beim Essen weiter über Karma, Koan und Koinzidenz „von Herz zu Herzen“ im Zen wie im tatsächlichen Leben zu sprechen.

Aus der Verbindung dieses unbewußten Wissens heraus rief ich am 18. Februar 1980 Professor Abe in Kyoto an, um mich nach dem Geburtstag (5. Juni) und dem Befinden Hoseki Shinichi Hisamatsus zu erkundigen, wozu er mir am 21. Februar brieflich antwortete. Es stellte sich dann heraus, daß Hisamatsu am 18. Februar, also genau dem Tag meines Anrufs, das Bewußtsein verloren hatte und am 27. Februar verstarb – dem Geburtstag meines Vaters. Sein hinterlassenes Gedicht lautet:

Zum gestaltlosen Selbst erwacht
Sterbe ich unsterblich den Tod.
Zum ungeborenen Leben geboren,
Spiele ich in den drei Welten.

Auch ein Briefwechsel mit meinem Begleiter Sen'ichiro Higashi, aus dem ich zitieren möchte, geht in solche Richtung:

„...Ihr Brief ist ohne Zweifel der tiefste, wahre Anthropos. Er ist gerade der, den ich suche. Sie haben recht. Also dieser Briefwechsel ist wirklich die absolute Ausweglosigkeit. Ich gehe mit Ihnen zusammen zu Hoseki und schreibe einen Brief. Dies ist gerade das Walten des Brauches von der absoluten Ausweglosigkeit selbst ...“

Damit sind das Gespräch und dieser bedeutsame Nachmittag in Kyoto zusätzlich schriftlich festgehalten. Und noch eine weitere Würdigung erfuhr dieser wesenhafte Zen-Gesprächsnachmittag mit Hisamatsu, als ich davon wenig später meinem Lehrer Nagaya bei seinem Besuch in Deutschland und in unserem Haus erzählte. Mit großer Aufmerksamkeit und Achtung betrachtete er die Tuschspuren des Kollegen und wiederholte immer wieder: „Sehr schön, sehr schöne Schrift“. Als ich ihm dazu den Verlauf des ganzen Gesprächs schilderte, meinte er schließlich nur: „Wie schön für Sie, da haben Sie zehn Jahre Dokusan an einem Tag gehabt!“

Noch einmal durfte mich die freundliche Sekretärin aus dem Boehringer-Büro in Osaka als Dolmetscherin begleiten, um nach gebührender telefonischer Anmeldung Seki Yuho Roshi in seinem Bergtempel Eigen-ji zu besuchen. Etwas abseits, in sehr schöner Umgebung gelegen, lädt dieser Tempel geradezu ein zum meditativen Verweilen, und ich verstehe nun besser die enge Beziehung zu Rütte und Graf Dürckheim, die sich hier aufgebaut hatte. Bekannt ist Seki Yuho unter anderem für seine feine Kunst der Tuschspuren und ihrer Bilder. Während wir mit einem Mönch zur Besichtigung

Seki Yuho Roshi

durch den Tempel gehen dürfen, schickt sich der Meister an, zum Tuschpinsel zu greifen.

Nach unserer Rückkehr ist das Bild vollendet: Ein grimmig-schön dreinblickender Bodhidharma schaut mich vom Geschenkpapierblatt an. Als ob er es gewußt hätte: Mein Nachbar und Dolmetscher Takeichi hatte bei unserem Besuch von Hisamatsu einen Bodhidharma in Tusche bekommen – um den ich ihn in eigentlich unfeiner Weise ein wenig beneidete. Und nun wurde er hier für mich gemalt, ohne ein hörbar geäußertes Wort des Wunsches, der aber in mir offensichtlich sehr stark war. Kein Wunder, daß ich mich schämte, außer ein paar Süßigkeiten aus Deutschland, wie sie die Mönche zum Tee gerne zu sich nehmen, keinerlei Geschenke mehr zu haben bei dieser letzten Station meiner Japanreise von 1975.

Während es mir noch durch Kopf und Sinn ging: „Schade, für diesen lieben Abt vom Eigen-ji hätte ich gar zu gerne noch eine Flasche Wein aus Deutschland mitgebracht" – stellte er mir auf japanisch durch die Dolmetscherin die Frage: „Mögen Sie Wein?" Ich fühlte mich geradezu ertappt, und ehe ich noch richtig „Ja" sagen konnte, war er aufgestanden und hinter einem Vorhang verschwunden. Von dort kam er zurück mit einer großen Flasche Sake, dem japanischen Reiswein, den ich nun meinerseits nach Deutschland mitnehmen durfte. Wieder einmal war direkt von Herz zu Herzen gesprochen worden – danke, Seki Yuho!

Noch eine andere eindrückliche Begebenheit mit Seki Yuho verdient Erwähnung. So kam eines Tages zu ihm ein Besucher aus Deutschland, der ihm ein Bild von Nagaya zeigte, bei dem er Zen geübt hatte. Nachdenklich betrachtete er das Photo und sagte dann: „Kimono nicht Roshi, aber Gesicht Roshi!" Damit erkannte ein Meister den anderen, denn in der Tat verfügte Tetsuo Kiichi Nagaya als Laien-Zen-Meister nicht über die kleidergemäßen Insignien der traditionellen Roshi-Würde. Aber in seinem persönlichen Ausdruck und seiner durchlässigen Ausstrahlung verfügte er wohl eindeutig über Wissen und Weisheit von Kensho, der Wesensschau, die hier in gelebter Form durchlichtete Gestalt gewonnen hatte.

Ähnliches geschah auch aus Anlaß meiner Hochzeit im April 1976, wofür Seki Yuho ein besonderes Bild zu zeichnen gedachte, das ich mir offenbar zu sehr wünschte und das auf dem Postweg verlorenging. Statt dessen gehört zu den besonders geschätzten Zen-Schätzen des Hauses ein zartes und zauberhaftes Kuan Yin-Bild von seinem Pinsel, worin die weibliche Emanation des Bodhisattva

Kuan Yin-Bildnis von Seki Yuho Roshi

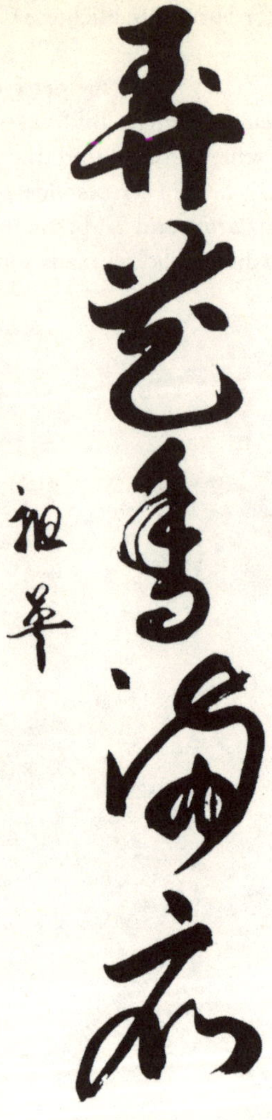

Hana O Ro Sureba Ka E Ni Mitsu“ – „Berühre Blumen und ihr Duft erfüllt deine Kleider“ – (aus dem Kido Chigu) von Hirata Roshi

Avalokiteshvara oder der grenzenlosen Güte gemalt ist. Dieses Bild war vom Meister zur Geburt unserer Tochter Anja am 10. Januar 1977 zu Papier gebracht und persönlich durch Boten überbracht worden, womit die Gefahr des Verlustes vermieden wurde und der schöne, gehaltvolle Besitz problemlos zur Erinnerung bei uns bleiben durfte.

Noch ein anderes, in klassischer Manier als Rollbild aufgezogenes Bokuseki-Tuschgedicht erreichte uns im Frühjahr 1976 zur Hochzeit aus dem Pinsel des Meisters Hirata: „Begegnet man einer Blume, so nehmen die Kleider ihren Duft an" – womit das freudige Ereignis sehr poetisch umschrieben war. Dabei handelt es sich um einen von zwei klassischen Versen von Kido Chigu (1185-1269), dessen anderer lautet: „Schöpfe Wasser und du kannst den Mond in Händen halten", was ebenfalls traditionell gerne von Meistern der Tuschspuren geschrieben wird.

Zum Abschluß der ersten Japanreise im Frühjahr 1975 war neben den geschäftlichen Terminen noch ein Besuch möglich bei Tetsuo Kiichi Nagaya, mit dem ich seit 1971 schon einige Male im Rahmen eines Zen-Sesshin im Kloster Beuron zusammen gesessen hatte. Insbesondere hatte mich auch Fritz Kroeger gebeten, ihn zu fragen, ob wir nicht auch für den "Frankfurter Ring" Sesshin-Termine planen könnten, wovon später noch die Rede sein wird. Bemerkenswert dazu, daß Fritz Kroeger bei all seinem intensiven Engagement und eigener Übung nie dazu kam, selbst ein Sesshin mit Nagaya mitzumachen. Dadurch wurde es meine Aufgabe, diese Veranstaltungen für den „Frankfurter Ring" in den Jahren 1975 bis 1986 regelmäßig zu begleiten. Nun aber saß ich meinem Lehrer erstmals in seinem Haus, einem typisch japanischen Holzhaus, gegenüber, und er zeigte mir die angeschlossene Zendo ebenso wie den kleineren Raum, wo sein Lehrer Sokatsu Shaku Dokusan abgehalten hatte. Von ihm erhielt Nagaya schon in sehr frühen Jahren den Zen-Namen „Tetsuo", was der „weise Alte" bedeutet, als den wir ihn dann später alle kennenlernen durften.

In den Jahren 1922 bis 1925 hatte er in Berlin und vor allem Marburg Philosophie studiert, und das bei so berühmten akademischen Lehrern wie Natorp, Heiler, Hartmann, Heidegger und insbesondere Rudolf Otto. Letzterer war es, der ihm zur Rückkehr nach Japan eine Empfehlung an Professor Shueji Ohasama mitgab, denn Nagaya wollte sich dann in seiner Heimat der Übung und Ausbildung im Zen widmen. Bei seinen deutschen Lehrern hatte er gehört, daß man „zu den Sachen selbst" kommen müsse. Den Weg dahin aber und die lebendige Methode dazu vermißte er. Sie fand er dann im Zen. Zwar lehrte er noch bis zu seinem 85. Lebensjahr Philosophie und Ethik an der Kaiserlichen Universität in Tokyo, doch widmete er sich mehr und mehr der Leitung des von Shueji Ohasama begründeten Takuboku-Dojo, der als Übungshalle mit Tatami im klassischen Stil eingerichtet und an das Haus angeschlossen war, das er mit seiner Frau bewohnte.

Ganz nach japanischer Art, war sie übrigens bei meinem Besuch kaum im Haus zu sehen. Aber als sie davon hörte, daß ich mir den Magen verdorben hatte, bereitete sie mir einen besonderen Tee aus bitterer Baumrinde aus der Gifu-Provinz, der mir auch wirklich half. Als wir an diesem Abend mit Bekannten zusammen zum Tempura-Abendessen ausgingen, konnte ich zu meiner Freude seit langem zum ersten Mal wieder richtig essen.

Anschließend waren wir noch zu Gast bei dem jungen Arzt Hajime und dessen Vater Toyoda, Vizepräsident der Kendo-Freunde und selbst Träger des 7. Dan im Kendo, was er uns auch sogleich mit einem der am Eingang liegenden Schwerter demonstrierte. Das Haus besaß die einfach-klassische Schönheit japanischen Stils, was mir durch die mit Freude und Anerkennung geäußerte Bewunderung meines Lehrers zusätzlich vermittelt wurde. Da ich am anderen Tag mit der Familie nach Nikko fahren durfte und deshalb über Nacht in diesem schönen Hause bleiben sollte, war dies eine zusätzliche Bereicherung. Zwar konnte ich an der lebhaften Unterhaltung meines Lehrers und der Gastgeber nur partiell teilnehmen, da ich leider nicht japanisch spreche, sondern nur japanisch schweige! Aber selbst bei den sporadischen Übersetzungen und in Anbetracht der spürbar authentisch-japanischen Atmosphäre hat sich doch einiges vom positiven und Zen-orientierten Geist der Zusammenkunft auch wortlos auf mich übertragen.

Das blieb auch so nach dem Abschied von Kiichi Nagaya, als ich vor dem Schlafengehen noch zum traditionellen „Ofuro", dem heißen Bad für mich allein, eingeladen wurde: wunderbar wohltuend! Beim Frühstück am anderen Morgen schob mir die Großmutter ein Kohlebecken zur Erwärmung an die Füße und die Morgenzeitung an meinen Platz – die ich zu ihrer Verwunderung zurückgab. „Er ist japanischer Analphabet – der Fremde kann nicht lesen!" erklärte ihr die Tochter lachend und zu ihrer nicht geringen Überraschung. Sichtlich hatte die Großmutter Schwierigkeiten, dies zu verstehen, was aber der Freundlichkeit und warmherzigen Gastfreundschaft keinen Abbruch tat.

Auch der Ausflug zum japanischen Nationalheiligtum von Nikko war schön und eindrücklich. Zwar hatte ich ein etwas schlechtes Gewissen gegenüber dem Zen-Lehrer Tetsuo Nagaya, dessen Übungshalle ich nur kurz hatte sehen können. Er aber machte es mir Zen-gemäß leicht, indem er mit Bestimmtheit erklärte: „Sitzen können Sie zu Hause. Jetzt müssen Sie Japan sehen!" Und so geschah es denn mit reichhaltigem Programm und vielerlei eindrücklichen Begegnungen am Rande der Geschäftsreise, die mir Japan und seine Kultur der Stille und des Zen ein gutes Stück näherbrachte.

Auch bei der nächsten, geschäftlich notwendig gewordenen Reise nach Japan im Jahre 1977 versuchte ich natürlich, wenigstens ein „Kulturwochenende" mit einzubauen. Auf Boehringer-Empfehlung führte der Weg dieses Mal zuerst nach Nara und dort in den Daianji-Tempel mit dem betagten Abt Seiko Kono. Diesen verband zu Ingelheim eine besondere Beziehung nicht nur als Vorsitzender einer Deutsch-Japanischen Vereinigung, sondern auch, weil er in früheren Jahren Besuch bekommen hatte vom damaligen Firmenchef Dr. Ernst Boehringer. Dessen Photo bekam nach seinem Tod (1965) einen Ehrenplatz auf dem Altar des Daian-ji und wurde dem Besucher mit Respekt und Ehrfurcht gezeigt.

Abt Seiko Kono mit Peter Zürn und Gästen zu Besuch bei Boehringer in Ingelheim

Der Tempel selbst wurde gegründet von Shotoku Taishi (574 – 622), dem Prinzregenten der Kaiserin Suiko, die im zwölften Jahr ihrer Herrschaft (604) die berühmte „Verfassung der 17 Artikel" erlassen hat. Das Grundprinzip dieser buddhistisch inspirierten Verfassung ist WA, die Harmonie. Seiko Kono hatte 1966 ein Gelübde getan, das Zeichen für WA einhunderttausendmal mit Tusche aufs Papier zu bringen. Wieviel davon er mittlerweile geschrieben hat, bleibt sein Geheimnis. Eines davon auf dem gewohnten Geschenkpapier darf ich jedenfalls mein eigen nennen – neben einem Sonderdruck der Verfassung, den der damalige deutsche Generalkonsul in Osaka/Kobe, Dr. Eberhard F. Baumann, mit ermöglicht hatte.

An den Wänden des Tempels gab es weitere Tuschspuren sowie Photos von berühmten Besuchern wie zum Beispiel dem Pianisten Wilhelm Kempff und vielen anderen. Zum Glück hatte ich dieses Mal das richtige „Weisheitswasser" im Gepäck und konnte beim dezenten Blick in einen Nebenraum feststellen, daß offenbar viele andere Besucher ähnliche Ideen gehabt hatten: Eine ganze Batterie von Flaschen hatte sich dort angesammelt!

Zwar tranken wir statt dessen den üblichen grünen Tee der Hausfrau mit Obst und Süßigkeiten. Zum Abendessen aber ließ es sich der Abt nicht nehmen, mich in ein feines Tempura-Restaurant einzuladen, wo die noch lebenden Langusten mit dem Gemüse im siedenden Öl Stück für Stück für uns gesotten wurden. Dazu wurde Sake und Bier getrunken, was die wortlose Kommunikation zusätzlich heiter gestaltete: Sprach doch Seiko Kono kein Wort Deutsch und ich nur hai, sayonara und sodeska auf Japanisch. So kam es zu einem köstlichen, authentisch deutsch-japanischen Abendessen, das uns beiden auch in seiner Wortlosigkeit durchaus Freude machte, denn Lachen ist glücklicherweise nicht nur gesund, sondern auch transverbal.

Das nächste Abendessen in einem Tempel wurde von etwas mehr Gespräch begleitet, denn es fand statt im Tenryu-ji bei Hirata Roshi. Professor Takeichi begleitete mich wieder zu seinem alten Freund, und wir durften die abendliche Suppe mit Kartoffel, Reis und eingelegtem Rettich mit ihm teilen. Gefragt, ob ich denn auch den japanischen Reiswein (Sake) möge, bejahte ich dies natürlich überzeugend – um den beiden Herren den Genuß des diesmal richtig mitgebrachten Frankenweins zu überlassen!

Bald drehte sich das Gespräch wieder um „Toyoteki Mu" oder „die Fülle des Nichts", und ich konnte davon berichten, daß das Büchlein von Hisamatsu bei Neske in Deutschland erschienen war.

Die professores vertieften sich dann noch in ihre jeweiligen Lehrgebiete an der buddhistischen Hanazono-Universität (Hirata) bzw. der Universität Kyoto. Das Institut, das Professor Takeichi dort bis zu seiner Emeritierung im Jahr 1997 leitete, trägt den besonderen Namen „Graduierten-Schule für Menschen- und Umweltforschung und Fakultät für gesamte Menschenforschungen". Herausgegeben wird dort die interessante Schriftenreihe „Menschenontologie", in der man gelegentlich auch deutschen Forschern begegnet wie Arno Baruzzi, Otfried Höffe, Günter Wohlfart u. a. Der Band 3 dieser Schriftenreihe erschien 1997 als Festschrift aus Anlaß der Emeritierung von Professor Takeichi, dem zuvor noch von der Universität Augsburg die Würde eines Ehrendoktors verliehen worden war.

Natürlich gehört auch der Samstagnachmittag mit der FAS-Gruppe im Myoshin-ji wieder zu meinem Rahmenprogramm. Zwar ist Professor Abe in jener Zeit zu einer Lehrtätigkeit in den USA, aber mittlerweile kenne ich ja schon den Ort des Treffens in der Reiun-in des Tempels. Professor Gishin Tokiwa, der jetzt die Zusammenkunft leitet, heißt mich als Gast ebenso willkommen wie einige Amerikaner, die offensichtlich große Schwierigkeiten haben mit dem Thema des Abends: „... to live philosophy". Aber darum eben geht es: nicht intellektualisieren, nicht nur denken, sondern „Zen – anders denken?" mit dem Buchtitel von Yoshiko Oshima. Nicht nur „verstehen", nachvollziehen, passiv erleben, zulassen und annehmen, sondern absichtslos und dennoch aktiv leben und die Ausweglosigkeit gestalten – das ist die schwierige Forderung, die der Zen-Weg existentiell an uns stellt. Erst im Gehen – im Vorwärtsschreiten – wird uns der eine, der weglose Weg vertraut, der von uns nichts anderes verlangt als die Selbstaufgabe für alles und nichts, um in allem das Nichts zu finden.

„Man habe Mut zu gehen, ohne zu wissen wohin" – so hatte Professor Hungerleider postuliert, und er fügte noch eine Zen-Metapher hinzu: „Auch allein, in einem dunklen Zimmer, möge man sich so benehmen, als säße man einem geehrten Gast gegenüber".

„Sein Selbst erkennen
heißt sein Ich verlieren.
Sein Ich verlieren bedeutet
von allen Dingen erleuchtet zu werden,“

so heißt es bei Dogen Zenji, und Nagaya Sensei hatte hinzugefügt: „Erleuchtung ist überall – man bemerkt das nur nicht ...“

Wa = Harmonie, von Abt Seiko Kono aus dem Daian-ji

KAPITEL 4

Diverse Sesshin mit Professor Tetsuo Kiichi Nagaya Roshi für den „Frankfurter Ring" in den Jahren 1975-1986

Professor Nagaya im Hause Edgar Thriemer

Wie schon erwähnt, hatte ich die Freude, in den Jahren von 1975 bis 1986 regelmäßig für den „Frankfurter Ring" jeweils das Sesshin mit Professor Tetsuo Kiichi Nagaya Roshi zu begleiten. Dazu hatte er in seinen ersten Jahren in Deutschland selbst von sich gesagt: „Bin kein Meister, nur ganz einfacher Mann, habe etwas ZaZen geübt." Und einer seiner frühen Aussprüche lautete: „Zwanzig Jahre habe ich ZaZen geübt – jetzt kann ich mich schämen!"

Nagaya mit Kamala Thriemer auf dem Schoß von Peter Zürn

Mit der Zeit lernte der „weise Alte" (Tetsuo) mit der Verehrung zu leben, die ihm seine Freunde in Deutschland mit dem Roshi-Titel entgegenbrachten – möge ihm dieser nun offiziell verliehen worden sein oder nicht. Immer mehr jedenfalls strahlte er in gleichbleibender Bescheidenheit die Würde aus, die sich mit solchem Titel verbindet. Fast könnte man sagen, daß er mit seinem Zen in Deutschland berühmter war als mit dem Takuboku-Dojo in Japan, womit es ihm ganz ähnlich erging wie Pater Lassalle.

Die Übungswoche des „Frankfurter Rings" wurde jeweils an verschiedenen stillen Orten in der Umgebung abgehalten – im Johannisstift in Oberursel, im Haus „Nothgottes" über Rüdesheim und schließlich überwiegend im „Haus Johannes XXIII" in Bad Nauheim. Letzteres gefiel ihm besonders gut, da er diesen Papst in seiner großen Menschlichkeit sehr verehrte. So ließ er keine Gelegenheit aus, sein großes Bild in der Eingangshalle mit einem kurzen, stillen „Gassho" zu grüßen, und er zitierte auch immer wieder seine Worte: „... in Demut und Einfachheit, zu jeder

Zeit und mit allen, und dann eine brennende Liebe zu Jesu entwikkeln, den du immer mehr in den Tiefen seines Herzens kennenlernen wirst."

Nagaya vor dem Papstbild im Haus Johannes XXIII in Bad Nauheim

Da es hier mehr um das Essentielle in der wiederkehrenden Begegnung mit Nagaya geht als um die genaue zeitliche Abfolge, werden im folgenden Ereignisse und Begebenheiten aus den Jahren 1975-1986 beschrieben, die sich mir eingeprägt haben, unabhängig vom genauen Datum. Dazu kommt noch, daß der verehrte Lehrer in den späteren Jahren meist ein paar Tage zur Erholung in unserem Haus verbrachte, wovon auch das eine oder andere berichtet werden soll. Insgesamt mag gelten, was Ursula Sternberg vom „Frankfurter Ring" nach unserer Woche einmal zu Fritz Kroeger sagte, der ja nie selbst an einem sesshin teilgenommen hatte: „Die lieben sich nämlich, die beiden!" Und das mußte natürlich in der stillen Gemeinsamkeit des intensiven Sitzens spürbar werden.

In den ersten Jahren sprach der Roshi auch noch selbst, während er mir später immer mehr Einführung und Anleitung zur Übung überließ. Im hohen Alter der späteren Jahre mit nahezu neunzig Jahren strengte ihn das Sprechen zusätzlich an, weshalb er lieber im Schweigen vor-saß.

Er selbst hatte immer wieder erzählt, wie sein Lehrer ihm gesagt habe: „Tetsuo, du sollst mit dem Körper lehren!" Und entsprechend präzise zeigte er stets den korrekten Sitz mit der Haltung für Arme, Beine und immer wieder den aufrechten Rücken, denn: Nur in einem geraden Körper kann sich auch der Geist gerade entwickeln – kerzengerade, wie er nicht müde wurde zu verlangen.

Was er sich bis zuletzt nicht nehmen ließ, waren seine „Tuschspuren-Teishos", die alle Teilnehmer stets von neuem berührten. Daß man sich dazu auch in vollkommener Stille im ZaZen und am besten im Suwari, dem Fersensitz – wie er auch in Japan zur Teezeremonie eingenommen wird – verhalten mußte, verstand sich von selbst. Auch äußerlich hatte er sich jeweils selbst mit Bad und frischer Kleidung für diesen Anlaß gereinigt, was den Anforderungen an die Feierlichkeit des Augenblicks entsprach.

Nicht alle Tuschspuren brauchen hier Erwähnung zu finden, sind sie doch in der Festschrift zum 90. Geburtstag von Nagaya

Roshi 1985[12] in großer, repräsentativer Form und Zahl veröffentlicht. Aber manchmal gab es dazu besondere Erlebnisse, wie etwa für den Teilnehmer, der sich das Zeichen wünschte für „Wirf alles weg!" Es wurde für ihn so „geschrieben", und als ihm das noch feuchte Papier zur Vorsicht an seinen Platz gereicht wurde, fügte der Meister hinzu: „Wirf alles weg – wirf auch das Wegwerfen weg!" Das erinnert an eine andere Gelegenheit, bei der er formulierte: „Von der Freiheit auch frei sein, das ist Freiheit!"

Und er läßt keinen Zweifel daran, daß es zu solcher Freiheit nur einen Weg gibt, nämlich den im richtigen Sitzen. Wenn man nicht richtig sitzt, so sagt er, gibt es nur „Zungenspitzen- Freiheit". Wie er das meint, auch daran bleibt kein Zweifel im Verständnis: „Von Herzen" gesagt oder „herzlich" geschrieben – nur Zungenspitzen-herzlich, wenn man nicht richtig sitzt!

Manchmal geißelt er auch den sogenannten Fortschritt zum Untergang, obwohl er sich auch der modernen „instant"-Tusche

Nagaya mit seinem Assistenten Peter Zürn beim Tusch-Spuren-Zeichnen in der Zen-Do

aus der Tube bedient und dazu selbst kritisch sagt: „Heutzutage alles instant – instant-Kaffee, instant-Tusche, instant-Liebe, instant-Gott!"

Nicht müde wurde Nagaya, auf die Notwendigkeit der absoluten Stille in Geist und Sprache hinzuweisen mit dem japanischen Sprichwort: „Den Mund geöffnet – und schon schlüpft das Übel heraus!" Auch die vielen selbsternannten Lehrer und Meister bekamen bei solcher Gelegenheit ihre Lektion: „Zusammen sitzen und ZaZen üben, sehr gut. Aber nicht zu viel sprechen – kein Zungenspitzen-Zen!"

Schon zu unserer Hochzeit im Frühjahr 1976 hatte uns Nagaya das klassische Glückwunschbild „Ju/Kotobuki" = „glückliches langes Leben" geschickt. Er hat es später noch öfter wiederholt – für meine Frau Annette oder auch zu meinem 50. Geburtstag. Und als dann 1977 unsere Tochter Anja geboren wurde, bekam sie das Zeichen „Himmel-Herz" gewidmet, was man im Zen aus solchem Anlaß schreibt – hat doch der Himmel in der Geburt ein neues Herz zur Erde gesandt. Wohl nicht zuletzt durch die Erfahrungen mit Nagaya und mein tägliches ZaZen fiel es Anja später manchmal schwer, mich – wie von der Mutter gewünscht – zum Frühstück zu holen. Hatte mir doch Annette durch ihr: „Pst! Der Papa sitzt!" zusätzlich Ruhe vor den Kindern verschaffen wollen, und so kam nun Anja zurück mit der Meldung: „Pst – der Papa macht gerade noch seine Übung für den Gott!"

Im Gegensatz zu Raphael, dem alten Chinesen, besteht die karmische Verwandschaft mit Anja offenbar aus einer Zeit in Indien. Nur so war es eines Tages für einen Freund erklärlich, der lange in Indien gelebt hatte, als er die etwa Zweijährige mit ihrer wiederholten Verneigung zu meinen nackten Füßen beobachtete. Auf dieses unser „Fußi-Spiel" angesprochen, meinte er, dies sei eindeutig das, was man in Indien „Pranam" nenne – die Verehrung für Vater oder Guru, dem die Füße geküßt werden. Davon wußten wir zwar nichts, aber wir spielten das Spiel noch für einige Zeit freudig weiter, wofür seine Erklärung eine zusätzlich mögliche Dimension eröffnet hatte.

„Glückliches, langes Leben" von Nagaya

Zu den besagten „Übungen" eben gehörte im Anschluß an das ZaZen noch die dreimalige Niederwerfung und Verbeugung, wie Nagaya es stets vormachte: „die Füße des Buddha fassen". An den Buddha war Anja durch die Bilder und Statuen in unserem Haus gewohnt. So war es für sie beim ersten Besuch in einer Kirche mit den von Kerzen erleuchteten Madonnenfiguren ganz selbstverständlich, daß sie ausrief: „Oh Mama, schau – die schönen Buddhas!" Sicher hatte Madonna so wenig wie Buddha etwas gegen diese Verwechslung, wo doch auch Nagaya sich immer wieder vor Johannes XXIII verneigte. Auch von seinem Gespräch mit einem Bischof wird berichtet, daß er auf dessen Ehrerbietung für den fremden Meister geantwortet habe: „Ich bin nur ein ganz einfacher Mensch“ – worauf dieser beglückt seinerseits sagen konnte: „Ich auch!“ Transkulturelle und transkonfessionelle Verständigung, besser: Einigkeit oder Bewußtseinseinigung fand hier statt zwischen zwei Menschen. „Shin jin“ – echter, wahrer Mensch, heißt ein Zeichen, das dafür stehen könnte, und Graf Dürckheim sagte gerne: „Religionen trennen – Religiosität verbindet.“

So gehörte auch das Zeichen „Gott ist Liebe“ zu denen, die Nagaya immer wieder ausführte. Und er fügte einmal hinzu: „Gott ist Liebe, Buddha ist Barmherzigkeit“, womit „maha karuna“, die große tätige Güte als wesentlicher Aspekt Buddhas oder der göttlichen Liebe gemeint war. Das japanische Zeichen für Barmherzigkeit lautet NASAKE und wird auch gerne mit dem englischen „compassion“ übersetzt.

„Mu“, Tuschspur von Nagaya

Bei einem Sesshin hatte dieses Zeichen einen Pfarrer sehr beeindruckt, der sich aber schon ein anderes gewünscht hatte. So behielt er den Wunsch für sich und war später zu Tränen gerührt, als ich ihm das Blatt mit dem Gruß des Meisters brachte: „Gott ist Liebe". Wieder einmal war ein unausgesprochener Wunsch „von Herz zu Herzen" erfühlt und erfüllt worden.

Ähnlich geschah es mir selbst, als ich nach der Geburt unseres Sohnes Raphael 1979 im Sesshin wieder den Meister bei der Tuschspuren-Zeremonie mit Papier und Pinsel unterstützte und er alle Wünsche „abgearbeitet" hatte. Zwar hatte er auch mich zu Beginn nach meinem Wunsch gefragt, aber ich hatte keinen und besaß schon viele seiner Zeichen. Erst als er dann unter anderem das Wort für Licht, „Hikari", schrieb, gefiel mir dieses so gut, daß ich bei mir dachte: Schade, das ist so schön, das hätte ich mir auch gerne gewünscht! Aber wir saßen ja im Schweigen hintereinander, bis er sich dann zu mir umdrehte und am Ende nur murmelte: „Muß noch ein Bild für meinen Freund malen – hat Baby bekommen." Griff zum Pinsel, zum letzten Papier und schrieb: „Hikari" – das Licht – von Herz zu Herzen.

Schon zuvor hatte er Raphael im Kinderwagen begrüßt, als meine Frau mit ihm und dem Tuschspuren-Papier kurz zu Besuch kam. Da beugte er sich über das Baby, lächelte und sagte: „Ja, wir kennen uns doch!" Raphael hat es ihm ein paar Jahre später beim Besuch vergolten, als er ihn fragte: „Bist du ein Ja-Mann?" was sich wohl zu „Nagaya" assoziierte! Unbewußt schloß er damit an die frühe Zeit nach seiner Geburt an, wo „Ja" sein erstes Wort war – vor „Anja", dem Namen seiner Schwester, den er als zweites aussprach – lange vor Mama und Papa. Dann, mit etwa vier Jahren, kommt auch er auf Gott zu sprechen und sagt: „Gell, Papa, du liebst alles, was es gibt auf der Welt, alles was der Gott schickt von da oben!"

Vielleicht habe ich nicht rasch genug geantwortet, denn er fügt hinzu: „Und ich, ich liebe mich selbst!" Aber nach einer kurzen Pause kommt auch: „Ich liebe die ganze Welt" – ähnlich Anja, die fand: „Toll ist das Leben und schön!"

Wenn wenig später die Rede ist vom Sterben und der Wiedergeburt, findet Anja das Sterben nicht so schön – ich finde es aber auch nicht so schlimm. Und Raphael: „Sterben ist alles!“

Als würde sein Unbewußtes sich damit schon – oder noch – auskennen, was wir als Erwachsene erst mühsam wieder lernen müssen.

Daß es im Zen eine Kultur des Sterbens gibt, hatten uns schon die „Todesverse“ oder hinterlassenen Gedichte gezeigt: Man stirbt nicht einfach auf der Intensivstation vor sich hin, sondern mit dem klaren Bewußtsein des Übergangs, der Wandlung genannt wird. Denn wenn man das schafft, durch lebenslanges Sterben-Üben geschafft hat, dann hat man günstige Voraussetzungen geschaffen oder zugelassen fürs Hinübergehen ebenso wie fürs Wiederkommen in neuer Geburt – ob als Tulku oder ganz einfach wieder als zu werdender Mensch mit neuen karmischen Aufgaben der Entwicklung und Gestaltung.

„Sterben ist nicht so schwer, aber leben ist sehr schwer“, sagte Nagaya dazu. Und zum Trost in einer schwierigen Lebenssituation fügte er hinzu: „Unglück ist Nahrung für neues Leben!“ Bei anderer Gelegenheit sagte er: „Was ist Leben, was ist Liebe, was ist Gott? Das ist ein Koan!“ – und es ist gut, wenn wir wissen, daß sich die Lösung dafür nur im Eins-Sein, im Seins-Werden ergibt, das sich uns vielleicht erst in später Stunde existentiell wirklich erschließt – Wirk-lichkeit wird, wenn wir gnadenhaft erwachen dürfen zum Licht. „Gott ist Liebe, Buddha ist Barmherzigkeit“ und „Geburt und Tod sind feierliche Ereignisse“. „Sei wach!“ heißt deshalb auch eines seiner Zeichen und „ganz wach, ernst, aufmerksam und lebendig“ müsse man Zen üben und überhaupt leben.

So erfährt es auch ein Freund von mir in seinem ersten Sesshin, das er mit großer Mühe und unter heftigen Schmerzen durchsteht, besser: durchsitzt, nachdem er sich bislang dem Zen nur mit Büchern und dem Intellekt genähert hatte. „Sie müssen erst einmal gerade sitzen“ – hatte ihm Nagaya auf eine komplizierte Frage geantwortet, die er dann prompt als erstes wieder vergaß. Und als es zur Stunde der Tuschzeichnungen kam, wünschte er sich „die Erleuchtung". Gefragt, auf welcher Papiergröße er das Zeichen gern hätte, sagte er: „Groß – noch größer, bitte!" Nagaya dazu leise: „Aha – er wünscht sich eine ganz große Erleuchtung!" – die er dann auf dem Papier auch bekam.

Später, auf der Fahrt zu Dr. Thriemer, saß Nagaya im Wagen im Lotussitz auf dem Rücksitz hinter dem Freund, wie er es gerne tat. In Erinnerung an die Tusch-Erleuchtung tippte er irgendwann den Freund von hinten her leicht an und sagte: „Kleine Erleuchtung – große Erleuchtung – gleiche Erleuchtung – Erleuchtung immer gleich!" womit er auch dem vielfach geübten intellektuellen Spiel um die Anfangs-, Dauer- oder sonstige Erleuchtung ein einfaches und klares Ende machte.

Nachdem im Anschluß an das Sesshin in Nothgottes (!) noch eine Reise zu einem kleinen Privat-Sesshin auf der Schwäbischen Alb im Hause von Dr. Edgar Thriemer, dem Zen-Freund früher Stunde, geplant ist, frage ich den Freund, ob er noch mitfahren wolle. In der Nothgottes und seinen Schmerzen war eigentlich der Entschluß gereift gewesen, nicht mehr mitzufahren, aber jetzt sagte er unter Tränen: „Und wenn ich verreck, ich fahr mit!" – Später bleibt er sehr dankbar für diese erste leibliche und persönliche Erfahrung und wiederholt immer wieder verwundert und mit Bewunderung: „Dieser Mann, dieser kleine Mann, dieser kleine, große Mann!" Mit den Schmerzen in der Übung ist er natürlich nicht allein, denn jeder leidet darunter – ob auf dem Sitzkissen oder einem Hocker oder Bänkchen, es gehört mit zur Übung; Hungerleider hatte davon erzählt, wie er sich damals im Daitoku-ji aus den Schmerzen nur direkt ins Samadhi habe retten können. Auch Edgar Thriemer, der einmal bei Hirata im Tenryu-ji ein strenges Wochen-Sesshin mitgemacht hat, möchte darüber lieber nicht mehr sprechen. Er meint, die Strapazen während des Zweiten Weltkrieges im Kaukasus als Gebirgsjäger seien dagegen harmlos gewesen ...!

Natürlich gibt es bei jedem Sesshin auch das eine oder andere Teilnehmerproblem, das nur der Roshi im Einzelgespräch lösen kann – was er sich auch liebevoll bis ins hohe Alter vorbehält. So wollte einmal ein Teilnehmer nach der halben Zeit abreisen, konnte aber von Nagaya zum Bleiben bewogen werden. Als wir uns dann später alle trennten und er mit seinem Auto losfahren wollte, funktionierte die Zündung nicht: Er hätte auch während des Sesshin gar nicht losfahren können!

Bei anderer Gelegenheit fällt ein Teilnehmer dadurch auf, daß er inmitten der Übung des ZaZen immer wieder in krampfhafte Zuckungen verfällt. Nagaya setzt ihn mehr in seine Nähe, hilft ihm mit dem Kyosaku, still und gerade zu sitzen – alles vergebens: Die Zuckungen kommen wieder. Da bemerke ich plötzlich, der ich Nagaya gegenüber an der anderen Seite des Raumes neben der Tür sitze und daher einen anderen Blickwinkel habe, daß die Zuckungen immer dann kommen, wenn der junge Mann – fälschlicherweise! – die Augen schließt, die beim ZaZen unbedingt leicht geöffnet bleiben müssen. In der nächsten Pause raune ich ihm zu: „Augen offen"! – und siehe da: Mit dem Zucken und Hüpfen auf dem Sitzkissen ist es vorbei, zur Freude auch von Nagaya und der anderen Teilnehmer.

Für andere Teilnehmer mit Sitzproblemen wählte Nagaya einen für sie günstigeren Platz aus, wo sie auch einmal das Bein ausstrekken konnten, ohne andere zu stören. Immer wußte er Rat und Lösung, manchmal erst spät in der Nacht und gelegentlich auch einmal ohne konkreten Vorschlag. Ich sehe noch das glückliche Gesicht der Teilnehmerin, die ich mit ihrem Problem zu ihm führte und die danach – ohne direkte Lösung – aus seinem Zimmer kam mit der verständnisvollen Bemerkung: „Ach, wissen Sie – man muß es sich halt einfach ab-sitzen!" So ist es – man muß nur lange genug sitzen und ZaZen üben, dann fällt das eine oder andere von selbst ab.

Und was einem dann später wieder einfällt ist, wie stark ein solches Erlebnis in der Kraft der Stille der Zen-Gemeinschaft sein kann. Frau Danilschenko blieb dazu im Sommer 1983 nur zu sagen:

„Es ist unglaublich, wie man jemanden kennenlernen kann, wenn man eine Woche schweigend neben ihm sitzt" – und, so fügt sie hinzu, wie man sich selbst dabei kennenlernen kann! Dies fällt auch ihrem (unbeteiligten) Sohn auf, der sie abholt und aus der Stimmung in der Gruppe heraus spürt und sagt: „Das sind ja alles so nette Menschen hier!"

Eine andere Teilnehmerin und eifrige Zen-Schülerin, Elsi Fritsch, erzählte am Ende von einem eigenartigen Erlebnis, das sie beim Sitzen hatte, und zwar sah sie durch den Augenspalt am Boden eine ganz leichte, regelmäßige und eher angenehme Bewegung von Licht und Schatten. Bei genauerem Zusehen stellte sich heraus, daß sie das leise Auf und Ab im Schatten ihres eigenen Körpers wahrnahm, der sich im Atemrhythmus hob und senkte. „Siehst du", sagte ich zu ihr, „so kann man von seinem eigenen Schatten erleuchtet werden!"

Diese Wirkung eines Sesshin merken auch andere, wie etwa Annette, meine Frau, die mich jedes Mal darauf anspricht, wenn ich davon zurückkomme. Ja, sagt Nagaya dazu – „kann man an den Augen sehen", die wohl klarer, wie gereinigt aus der Übung zurückkommen, auch etwas leichter weinen. Dies spüre ich auch, wenn ich am Ende eines Sesshin jeweils den offiziellen Dank an den Roshi ausspreche. Man darf nun zwar wieder reden – was gar nicht so einfach ist, nach einer Woche des Schweigens. Aber jedes Mal drängen sich mir dazu die Tränen aus dem Herzen in die Augen und machen das Reden noch schwerer. Schließlich bekomme ich von Nagaya selbst noch bei einem der letzten Sesshin die Erklärung dazu, wenn er sagt: „Schon Meister Dogen hat gesagt, ein Sesshin, nach dem man nicht weinen muß, war kein gutes Sesshin!"

Nun also kenne ich endlich die Erklärung, die ich innerlich schon immer gespürt habe, und brauche mich der Tränen nicht zu schämen, die mir kommen, auch wenn mich jetzt ein Mit-Übender anspricht oder anschaut. Solche Tränen sind weder Freud noch

Leid, sondern künden von einer existentiellen Erfahrung. Diese wird durch das längere gemeinsame „Sitzen“ unweigerlich gefördert, und das meint auch Nagaya, wenn er sagt: „Wenn Sesshin gut zu Ende, dann bin ich glücklich.“

Zuvor hatte er noch in der Mitte der Gruppe in der Zendo gesessen und am leeren Boden auf all den Reichtum hingewiesen, den wir von ihm hatten entgegennehmen dürfen. „Bitte bedienen Sie sich“, sagte er und zeigte seine leeren Hände, „ich habe alles für Sie ausgebreitet.“ – Ja, da war es, das Alles im Nichts, das auch seinem Namen entsprach: Kiichi. Das Zeichen „Kiichi“ hatte er oft gemalt für: „Alles kehrt zurück in das Eine“. Und wohin kehrt das Eine zurück? Das ist wiederum ein Koan.

Wofür ist ZaZen gut, was bewirkt es, was bezweckt es, was ist der Erfolg?

Nun, das ist wieder eine der an sich unzulässigen Fragen, die aber doch immer wieder gestellt wird, weil wir noch nicht soweit sind, Meister Dogens Anweisung zu folgen: „Nichts erhoffen, nichts befürchten, nichts erwarten, nichts erwägen – nur Sitzen um des Sitzens willen“. Wenn wir das vermöchten, dann käme es vielleicht schließlich auch dazu, daß im ZaZen Körper und Geist ausfallen, wie ebenfalls Dogen sagt. So Zen-gemäß paradox es auch klingt – wir dürfen also nicht üben „um zu“, sondern nur „an sich“, so wie es auch oben in der singulären Situation mit Hungerleider schon beschrieben wurde. Aber weil es doch so schwierig erscheint, „das kleine Ich auf dem Sitzkissen gründlich umzubringen“, um dann richtig zu sitzen – ganz selbstlos, grundlos, absichtslos, vorurteilslos, zweckfrei zu werden, deshalb gibt uns Nagaya in seiner Güte doch eine Krücke für unser Zen, solange es noch unvollkommen unterwegs ist.

„Wenn Körper ganz still“, so sagt er, „dann Geist auch still, wenn Körper und Geist still, dann Seele auch still, wenn Körper Geist und Seele still, dann innen und außen still, wenn außen ganz still, Umgebung auch still, wenn so alles still, dann ganzer Mensch still, wenn so alle Menschen still, dann: Weltfriede!“

Und in der Tat: wenn alle Menschen auf der Welt täglich ein kleines Stäbchen lang meditieren oder wenigstens Stille halten würden, dann hätte kein Krieg mehr eine Chance zu entstehen.

Wie es dazu kommen könnte? Warten wir's aktiv ab, notfalls noch ein paar Jahrtausende lang.

Aber inzwischen gibt es wenigstens immer und überall die Chance, weiter zu üben, an dem einzigen Platz der Welt, der uns stets zugänglich ist: unser Selbst. Und ob wir es wollen oder nicht, es wird sich dabei etwas verändern. Also: vorwärts schreiten, weiter auf dem Weg ins Nichts und die Fülle seiner Ausweglosigkeit, in die wir eintreten müssen, um schlußendlich (vielleicht) zu erwachen zum Licht. Wenn es auch ein wegloser Weg ist, so werden ihn unsere Schritte doch markieren und damit andere zur Nachfolge anregen.

Damit würde auch verwirklicht, was er uns vorgemacht, vorgetragen, vorgelebt hat, dieser kleine Mann in seiner großen Güte und Liebe, in der er uns sein Bild vom Menschen zeigte, lebte – war. Sein Wirken hier in Deutschland durch die Jahrzehnte hat damit nicht nur symbolischen Charakter, sondern existentiell gegenwärtig bleibende Kraft. Und doch ist er immer wieder ganz einfach in seiner gelebten Bescheidenheit, wie jener „Herr Enomiya", und wie es wohl überhaupt typisch ist für Erscheinung und Ausstrahlung großer Seelen, die durchlässig geworden sind. „Transparenz für Transzendenz", so hat Dürckheim es einmal formuliert.

So sitzen wir beide wieder einmal bei seiner Abreise still nebeneinander, Nagaya und ich, im Warteraum des Flughafens bis zum Aufruf seiner Maschine. Dann stehen wir auf – und er zieht mich zu sich herunter, um mich zu umarmen – wortlos. Dazu muß man wissen, daß dies für einen Japaner eine ganz und gar ungewöhnliche, ungewohnte Geste ist, da man sich in Nippon in der Öffentlichkeit niemals küßt oder körperlich intim berührt, wo nicht einmal ein Handkuß zugelassen ist. Dort geschieht so etwas nur aus den Augen und aus der im „Gassho", der gegenseitigen Verneigung mit den zusammengelegten Händen dargebotenen Verbeugung.

Hier aber durfte – mußte es ausnahmsweise einmal anders sein, wozu die Anonymität des Flughafens hilfreich war. Frau Sternberg hatte eben einfach recht mit ihrer Bemerkung, daß wir uns liebten.

Ich bedanke mich bei ihm zum Abschied durch meine Tränen, gemäß dem Haiku:

„Was es ist, weiß ich nicht,
doch aus Dankbarkeit fallen meine Tränen."

Professor Nagaya vor der Abreise am Flughafen

Kapitel 5

Zweite Japanreise (1986) mit Besuchen bei Professor Ueda und Professor Nishitani, Hirata Roshi und Professor Takeichi, Jeff Shore und der FAS-Gruppe im Shokoku-ji, Murata Toseki in der Berg-Töpferei, Kiichi Nagaya im Takuboku-Dojo in Tokyo und Yamada Koun Roshi in Kamakura

Nachdem im Verlag Moderne Industrie 1985/86 mein erstes Buch: „Vom Geist und Stil des Hauses – Unternehmenskultur in Deutschland“ mit einigem Erfolg veröffentlicht worden war, wurde ich gefragt, ob ich nicht noch ein Buch schreiben könnte, wozu ich zunächst keine Idee hatte. Als sich jedoch im Gespräch meine Zen-Orientierung herausstellte, meinte der Lektor, das sei doch ein guter Ansatzpunkt. Und nach weiteren Gesprächen war schließlich auch der Titel geboren: „Japan zwischen Yen und Zen. Vom Geist und Stil der Söhne der Samurai“ – was meiner persönlichen Lebensaufgabe als Mann der Wirtschaft mit zusätzlicher geistiger Ausrichtung gut zu entsprechen schien. Ermutigt wurde ich dazu auch von meinem verehrten Lehrer Nagaya, der in meinen „Mitbringseln“ aus Japan ein altes Gästebuch entdeckt hatte, das ich natürlich nicht lesen konnte und nur aus ästhetischen Gründen gekauft hatte – abgesehen von der zusätzlichen Fügung, die sich nun ergab. Auf einer der Seiten des alten Buches entdeckte Nagaya nämlich die Schriftzeichen für „Shi-kon sho-sai“, die dann später die Rückseite des Einbandes zu meinem Buch zierten. In freier Übersetzung lautet der Inhalt des Zeichens in der klassischen Tuschspur: „der Geist des Samurai mit der Geschäftstüchtigkeit des Kaufmanns“, was genau dem gewünschten Buchinhalt und meiner persönlichen Orientierung entsprach.

Shi-kon sho-sai

Nun hatte ich zuvor mittlerweile etwa fünfzehn Jahre persönlicher Zen-Erfahrung, aber meine letzte Japanreise lag schon zehn Jahre zurück. „Sie müssen unbedingt noch einmal nach Japan reisen, wenn Sie jetzt dieses Buch schreiben wollen!" lautete völlig zu Recht der Rat des inzwischen auch schon lange an Krebs verstorbenen Dr. Siegfried Sterner von der FAZ, der mich mit den Spalten seines „Blick durch die Wirtschaft" seit 1982 immer wieder dazu animiert hatte, Artikel für ihn zu schreiben. Mit einem sogar auf der ersten Seite in vollem Wortlaut veröffentlichten Leserbrief zum Thema „Ethik im Management" begann dann das, was man in bescheidenem Umfang schriftstellerische Tätigkeit nennen könnte und was zu einem der blauen FAZ-Blickbücher Wirtschaft mit dem Titel „Ethik im Management – Antworten auf Fragen der Zeit" (1989/1991) führte. Auf einem der Spaziergänge mit Sterner ergab sich ein Gespräch zum Thema Meditation und Atem. Dazu erklärte ich ihm, daß in der Stille des ZaZen sich der Atemrhythmus auf etwa drei bis vier Atemzüge in der Minute reduziere. Den Wanderer Sterner, der gerne auf langen Spaziergängen in der Ruhe des Gehens mit sich allein war, wunderte dies gar nicht. „Ach, wissen Sie, bei solcher Gelegenheit reduziert sich mein Atem leicht auf etwa zwei Atemzüge pro Minute", war seine Antwort, die wieder einmal einen Zen-Mann offenbarte, der nur nicht wußte, daß er es war.

So plante ich also die mit Fug und Recht geforderte und erneut erforderliche Japanreise für zwei Wochen im Jahr 1986, wozu ich dann schon auf einige früher gewonnene Erfahrungen und Adressen zurückgreifen konnte. Zusätzlich ergaben sich auch neue Kontakte, wie etwa zu dem Altmeister der philosophischen Kyoto-Schule, Keiji Nishitani, den ich zu einem längeren Gespräch in seinem Haus in Kyoto besuchen durfte. Besonderen Dank für die Vermittlung dazu schulde ich Professor Shizuteru Ueda, den ich bei dieser Gelegenheit in seinem Universitätszimmer antraf. Dabei meinte er lächelnd: „Sie haben heute doppeltes Glück. Zum einen stehen die Kirschbäume in voller Blüte (es war Anfang April), und zum anderen hat Professor Nishitani Zeit, Sie zu empfangen. Er wohnt hier ganz in der Nähe, und ich werde Sie nachher zu ihm begleiten." Zuvor ergab sich ein schönes Gespräch auch mit Professor Ueda selbst, das mit aus der Erinnerung an seinen Meister Ohtsu vom Shokoku-ji und die Zeit dort von und mit Lies Groening lebte. Aber noch bevor wir uns auf den Weg machten, kam hier das Problem vom Zen im Alltag und der Welt der Arbeit zur Sprache. Dazu wurde an anderer Stelle gesagt, daß die Gelebtheit der Zen-Übung wohl in der Welt der Philosophie etwas leichter zu bewerkstelligen sei als in der Welt der Wirtschaft mit ihren vielfältigen Sachzwängen, Beziehungen und „Aufeinander-Bezogenheiten".

Und dennoch! Professor Ueda selbst hatte es unter der Überschrift „Weltverantwortung im Zen-Buddhismus" einmal so formuliert: „Indem ein Mensch auf diese Weise in zwei verschiedenen Welten, zur konkreten Bewährung in der Doppelwelt wohnt, ist er von der Weltgeborgenheit befreit und kommt, von der unendlichen Offenheit durchdrungen, wieder in die begrenzte Welt zur Weltverbundenheit zurück. Diese Weise des Daseins gilt schon als genuin religiös, ohne sich eigens religiös zu nennen."

Worauf Professor Ueda auch hinwies, war der tiefere Sinn der ständigen gegenseitigen Verbeugung, wie er im japanischen Ritual der Begrüßung höflich üblich ist. Während man sich tief verneigt, wenn man jemanden trifft, kann man ihm nicht ins Gesicht schauen. Und da sich das Gegenüber genauso verhält, verliert der Gruß sein Ziel, die jeweilige Person auf der anderen Seite, aus den Augen: Er wird überpersönlich – transpersonal.

Genau dies aber bezeichnet Ueda als den tieferen Sinn solcher Begrüßung. Nach ihm geht es darum, sich selbst vor dem anderen symbolisch zu nichts zu machen, was jener genauso erwidert. Wenn es beide damit ernst meinen, wie es für echte Zen-Leute unterstellt sei, so tauchen sie dann aus der gemeinsamen Verbeugung als einem Akt gegenseitiger Selbstaufgabe geläutert wieder auf und ein in die Offenheit einer echten, vorurteilslosen und vorbehaltlosen

Ich-Du-Beziehung zum Gespräch im Dialogischen, das auch das Nicht-Sprechen oder Schweigen verständnisvoll mit einschließt.

Dann also machen wir uns zur gegebenen Zeit auf den Weg zu Professor Keiji Nishitani, dem damals bereits 86jährigen Nestor der Philosophie-Schule in Kyoto, die von seinem Lehrer Kitaro Nishida begründet worden war, und der mich freundlich lächelnd in seinem Studierzimmer erwartet. Von ihm gibt es inzwischen in der von ihm selbst autorisierten, hervorragenden deutschen Übertragung von Dora Fischer-Barnicol das Buch: „Was ist Religion?“[13], wozu wieder einmal Professor Takeichi beigetragen hat, indem er die englische Fassung der „Eastern Buddhist Society“ von 1980 bei einem Besuch mit nach Deutschland brachte. Noch ein anderer Titel sei – um des Ganzen gerade auch dieses Buches willen – erwähnt: „Vom Wesen der Begegnung“, übersetzt von Nishitani selbst in Zusammenarbeit mit Hartmann Buchner und veröffentlich in der von Ryosuke Ohashi herausgegebenen „Philosophie der Kyoto-Schule“[14]. Natürlich geht es dort nicht nur um das persönliche Begegnen von „Ich und Du“ nach Martin Buber, sondern um das Wesenhafte selbst zwischen und in zwei Menschen, das dabei auftauchen mag aus dem ortlosen Ort des einen Grundes.

Es war wohl eine solch wesenhafte, wesentliche Begegnung, die mich erwartete und die mitgeprägt war von dem Erlebnis meiner früheren Begegnung mit Hisamatsu, dem Kollegen und Zen-Freund von Nishitani. Dieser war zwar wohl mehr in der Philosophie als im Zen zu Hause, doch gehören beide im Japan der Kyoto-Schule untrennbar zusammen. So hatte auch Nishitani selbst regelmäßig an Zen-Übungen im Shokoku-ji teilgenommen, dem Tempel, der seiner Wohnung am nächsten lag. Und daß er ein zeitlos alter, feiner und bescheiden großer, würdiger Zen-Mann von zugleich jugendlicher Geistigkeit war, machten schon die ersten Sätze unseres Gespräches deutlich. Dabei bewegten sich die Gedanken sozusagen in der Raum- und Zeit-Freiheit „zwischen“ Japan und Europa, wo es um diese Dämmerstunde noch tiefe Nacht sein mußte: mehr als nur ein Omen oder Zeichen der Uhr oder des Chronos, während ich mich in der Gegenwart von Nishitani durch Kairós behütet und beheimatet, erleichtert und erhellt fühlte.

Im Zusammenhang mit der Frage nach der Fraglichkeit von Koans und dem großen Zweifel („Was bin ich?") kommen wir auch auf die Bibel zu sprechen. Wenn Paulus im Galater-Brief bekennt: „ich lebe, doch nicht ich – Christus lebt in mir", nimmt ihn der Zen-Buddhist im Verstehen ganz und gar ernst. „Nicht Paulus lebt, nicht er selbst – doch: Wer ist es dann, der da spricht?!" So hätten wir denn ein erstes christliches Ur-Koan entdeckt. Nishitani hat auch bei anderer Gelegenheit einen Lösungsansatz hinzugefügt: „Unendlichkeit als Realität entzieht sich der Vernunft. Wahrer Unendlichkeit als Realität begegnen wir nur auf dem Weg der Existenz, der ek-statischen Ex-sistenz, die wir realisieren müssen (engl. „to realize"), das heißt, verwirklichen und verstehen."

Auch unser Gespräch bewegt sich zwischen Deutsch und Englisch, zwischen Sprechen, Schweigen und Schreiben hin und her. Als wir schließlich das Thema meines Buches, Yen und Zen, ansprechen, sagt er nicht nur „ichi nyo" = wie eines, was wohl bedeutet, daß es dazwischen ex-sistentiell keinen Unterschied gibt. Dann aber steht er auf und bringt ein Buch mit einer alten Koan-Sammlung, aus dem er mir vorliest: „Auch der Gentleman liebt Geld, aber es gibt einen Weg = DO!" Da ich den Zusammenhang mehr erahne als erkenne, bitte ich den Meister, mir den Satz auf einem mitgebrachten Blatt Papier aufzuschreiben. Mit einem Griff in seinen Gürtel unter dem Kimono nimmt er ein Bambusröhrchen zur Hand, in dem ein kleiner Graspinsel in der Tusche steckt: ein echter Füll-Federpinsel-Halter von größter Einfachheit und sicher viel älter als das auch in Japan sehr geschätzte Pendant von Montblanc!

Mit dieser vor meinen Augen entstandenen Graspinsel-Tuschspur mache ich mich beglückt auf den Heimweg, nicht ohne den üblichen Austausch von Höflichkeiten, Grußformeln, Verbeugungen und den Genuß von Tee, Obst und Süßigkeiten. Auch wenn ich das Geld-Koan noch nicht ganz erfaßt habe, so weiß ich es doch

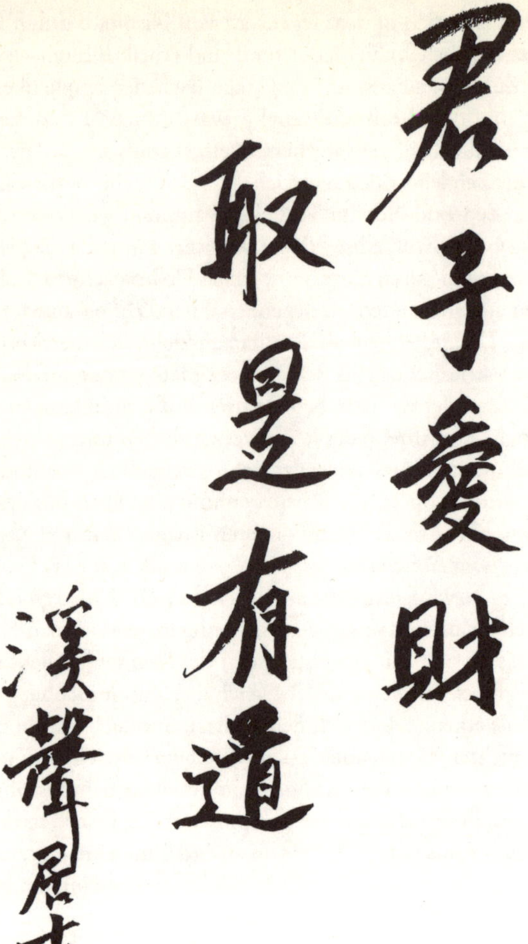

Koan-Schriftzeichen von Professor Nishitani

nun in der Originalschrift bei mir. Keiji Nishitani, der mich selbst bis zur Schiebetür des japanischen Hauses begleitet, wünscht mir noch einen guten Heimweg unter den blühenden Kirschbäumen am Fluß entlang: Symbol für eine ganze Kultur und zu dieser Zeit gerade beglückend reale Wirklichkeit.

Es fügt sich gut, daß ich gleich am nächsten Tag verabredet bin mit Hirata Roshi, dem mittlerweile schon ein wenig vertrauten Chef-Abt des Tenryu-ji am Stadtrand von Kyoto. Auch dort im Kloster blühen üppig die Kirschbäume, und im großen Teich des Gartens tummeln sich spielend die riesigen bunten Karpfen. Als einer davon wieder einmal einen Sprung in die Luft macht, fragt mich Hirata, ob ich die Geschichte vom Karpfen und der Geburt des Drachen kenne. Da ich verneinen muß, erzählt er mir, wie eines Tages wieder einmal ein Fisch vom großen Kaliber derer, die wir sehen, mit noch so kräftigem Sprung vergeblich den Wasserfall an der Stromschnelle hinaufzuspringen versucht. Nach etlichen erfolglosen Versuchen öffnet sich zu einem letzten gewaltigen Sprung über dem Wasser plötzlich der Himmel mit Donner und Blitz und spaltet den Schwanz des riesigen Tieres. Damit – so will es die Sage – ist der Drache geboren, und mit etwas Aufmerksamkeit in den folgenden Tagen sehe ich noch bei mancher Gelegenheit in Häusern und Geschäften das Bild von dem springenden Fisch über dem Wasserfall. Offenbar handelt es sich um ein klassisches Motiv aus der Mythologie für die japanische Malerei, das ich dank Hiratas bildhafter Erzählung im Zen-Garten in guter Erinnerung behalte. Vor allem auch wird von daher klarer, woher der Tempel des Tenryu-ji oder Himmelsdrachen seinen Namen hat.

Als wir uns dann zum Tee setzen (und ich den Frankenwein abgeliefert habe!), zeige ich dem Abt das Graspinsel-Schriftbild von Nishitani und erzähle von unserem Koan-Gespräch. Mit einer unnachahmlichen, charakteristischen Geste der Hand faßt sich Hirata über den stets mönchs-kahl geschorenen Schädel, lacht und gibt mir dann seine Fassung des alten Koan: „Auch der HEILIGE liebt Geld, aber es gibt einen Weg = DO!“ Damit hat der „Gentleman“ von Nishitani noch eine Steigerung erfahren. Und Hirata fügt hinzu, daß dieser Weg eigentlich zwei Wege seien: nämlich einer, um das Geld zu bekommen, und ein anderer, um das Geld auszugeben oder zu gebrauchen. Dazu meint er noch, daß in der japanischen Politik und Wirtschaft eine ganze Reihe von Leuten den ersten Teil des Weges schon ganz gut beherrschen – während es um den zweiten Teil des Weges zumeist noch recht schlecht bestellt sei! Dabei ist Geben doch seliger als Nehmen, nicht nur nach christlicher Lesart, sondern auch gemäß buddhistischer Bodhisattva-Tugend.

Daß es Aufgabe des Geschäftsmannes ist, gute Geschäfte zu machen, ist auch für den Zen-Meister selbstverständlich. Aber gute Geschäfte müssen auch korrekte Geschäfte sein, getreu dem Motto auf der Rückseite meines Buches „Japan zwischen Yen und Zen“: Der Geschäftstüchtigkeit des Kaufmanns muß sich der Zen-Geist des Samurai verbinden! Und Hirata gibt dazu noch einen Literaturhinweis auf Shosan Suzuki, einen Laien-Zen-Meister der Tokugawa-Zeit (1579-1655) und sein Werk: „Shimin nichiyo – Das alltägliche Leben für die vier Klassen“, in dem unter anderem zu lesen steht:

„Ein egoistischer Mensch, der nur sein eigenes Interesse sieht und zum Schaden anderer übergroßen Profit schindet, der lädt den Fluch des Himmels auf sich und stürzt sich selbst ins Elend ... Laß ab von den weltlichen Interessen und gehe Deinen Geschäften ohne Profitgier nach, dann wird der Himmel Dich beschützen, und die Götter werden Dich segnen. Der Wohlstand wird sich einstellen, aber Du wirst es verachten, nur ein reicher Mann zu sein!“

Alle Berufe sind nach Shosan Gelegenheit zur buddhistischen Praxis. Gerade durch Arbeit können wir seiner Ansicht nach Buddhaschaft erlangen, wenn wir sie nur in der richtigen Weise verrichten – eben im Sinne des Zen-Weges (DO). Diese Stelle aus der Schrift des Zen-Meisters aus dem 17. Jahrhundert ähnelt verblüffend dem Titel eines 1995 veröffentlichten Buches: „Zen und Management – der meisterliche Weg“[15], über das noch berichtet werden wird. Hier nur vorweg schon eine Kapitelüberschrift daraus, „Roshi im Nadelstreifen", und dazu der Satz: „Ein Roshi im Nadelstreifen stellt die Atmosphäre von Freiheit her, in der sich all die anderen bewegen und wachsen können" – wie wahr! Wie selten dagegen sind leider immer noch solche Fälle in der Welt der Wirtschaft und ihren materialistischen Egoismen, die überwiegend aus organisierter Selbstliebe, besser: Ego-Verliebtheiten, besteht. Im gegenseitigen Wettbewerbsdenken und Dominanzstreben ist leider noch nicht viel von der Freiheit zu spüren, die Bernd Joschke und Peter Stemmann zu Recht in ihrem Buch fordern.

Nach dem Besuch bei Takashi Hirata Roshi, dem Chef-Abt über 450 Tempel und noch immer aktiven Philosophieprofessor in Kyoto, war es in bezug auf die verschiedenen Möglichkeiten der Arbeit im Zen eine günstige Fügung, einen Töpfer-Mönch in seinem Tempel in den Bergen hinter Kyoto besuchen zu können. Wieder war es die Freundlichkeit des Boehringer-Büros in Osaka und seiner Sekretärin, die dies ermöglichten, obwohl ich inzwischen gar nicht mehr zur Firma gehörte. Noch dazu nahm es die Dame auf sich, wie selbstverständlich in aller Frühe schon am Samstag den Zug von ihrem Heimatort nach Kyoto zu nehmen, wo wir uns trafen, um die Weiterfahrt per Bahn in die Berge anzutreten, wo sie wieder einmal für mich zu dolmetschen bereit war.

Pünktlich kamen wir zum Myotoku-zenji-Tempel des Zen-Mönchs und Töpfer-Meisters Toseki Murata, der uns trotz Anmeldung und pünktlicher Ankunft nur sehr verhalten-höflich empfing. „Was will der Fremde hier bei mir, dem einfachen Töpfer-Mönch?" war eine der ersten Fragen, die er stellte. Über Zen sollte man sich nach ihm lieber an anderen Orten informieren, etwa bei den dafür als kompetent ausgewiesenen Professoren und Lehrern, so ließ er mich noch immer eher abweisend wissen – was meiner liebenswürdigen Begleiterin offensichtlich etwas Schwierigkeiten für die dennoch höflich gehaltene Übersetzung bereitete.

Inzwischen hatte ich im Tokonoma, der Bildnische in unserem Empfangsraum, eine eindrückliche Tuschspuren-Bildrolle mit dem mir wohlbekannten Zeichen für „Ho-Ho-Kore-Dojo" entdeckt und ließ dies auch sogleich dezent wissen. „Wieso", fragte überrascht der Meister-Mönch, „kennt denn der fremde Herr dieses Zeichen?" und erfuhr daraufhin von meiner Praxis des ZaZen und insbesondere der Übung mit Nagaya Sensei, dem ich gerade diese Schrift verdankte. Da ich deshalb auch die hohe Qualität der Schrift beurteilen konnte, ließ ich dies den spröden Meister wissen, dessen Verhalten sich nun spontan vollkommen änderte. Er lachte und freute sich, schlug sich auf die Schenkel und sagte, daß diese Schriftrolle von ihm selbst sei, der er seit etwa fünfzig Jahren den Shodo-Weg der Tuschspuren neben dem Töpfern praktiziere – und er lud uns sogleich zum Besuch des ganzen kleinen Tempels und seiner Werkstätten ein.

Dort gab es in einem Raum noch feuchte Töpferwaren, von denen der Meister eine Schale ergriff. Dann nahm er den Tuschpinsel, schrieb das Zeichen für MU = Nichts, signierte noch mit seinem Zen-Namen und übergab mir Schale und Pinsel. Da galt kein Zögern, und ich schrieb in großen Buchstaben auf den unteren Teil des Tellers, wonach mir zumute war – nämlich: DANKE. Danach mußte ich auch noch einen Satz Teeschalen oder -krügchen beschriften, bevor er selbst noch mit dem Pinsel einen anderen Teller zeichnete mit „Ho-Ho-Kore-Dojo" – dem Erkennungszeichen.

Tonschale mit Schriftzeichen von Toseki Murata und Peter Zürn

Zum Abschied schenkte er mir ein Krügchen mit dem Zeichen MU, und ich wußte nun, wie die gebrannten Töpferwaren aussehen würden, die man mir für später zu schicken versprach. Und in der Tat: Dank einer gelegentlichen Boehringer-Postsendung bereichern die Zen-Töpfereien mittlerweile meinen Zen- und Büroraum als Bild-gewordene Erinnerung.

Im Myotoku-Zenji-Ein-Mann-Tempel wurden wir nach ausführlicher Besichtigung nicht ohne Bewirtung entlassen, wofür die Frau des Meisters inzwischen Lunch-Box mit Stäbchen und große Dosen Bier besorgt hatte. Als wir uns dann zur Rückfahrt mit der Bahn verabschieden mußten, war es fast wie ein Adieu unter Freunden oder Kollegen – zumindest gleichermaßen Übenden auf dem Zen-Weg. Wenn ich auch japanisch nur schweige und nicht spreche, so hat es sich doch hier sehr gelohnt, wenigstens ein paar klassische Tuschspur-Zeichen zu kennen.

Darin war sich auch meine freundliche Begleiterin mit mir einig, vielleicht nicht ganz ohne eine Spur von Bewunderung und auch Befriedigung nach dem schwierigen Beginn unseres Gesprächs. Da sie kurz vor Abfahrt des Zuges noch einmal verschwand, um mit ein paar Nüssen und einer Dose Bier wiederzukommen, war ich meinerseits etwas verwundert. Aber ich hatte schon im Tempel bemerkt, wie sehr sie sich beim Lunch mit Essen und Trinken zurückgehalten hatte. Dazu erfuhr ich nun, daß sich das für eine Frau in Japan einfach so gehöre. Schließlich hatte die Hausfrau auch nicht mit uns gegessen, sondern uns nur bedient – und nun hatte die Dolmetscherin doch noch Hunger und Durst, den sie in der Anonymität der Bahnfahrt ohne Probleme und ohne Gesichtsverlust stillen durfte.

Wie gut, daß ich wenigstens ein schönes Parfum aus dem Duty-free-Shop mitgebracht hatte, was mir jetzt für all diese so freundlich gewährte Betreuung und Begleitung als fast schäbig wenig vorkam ... Aber man darf eben auch einer „fremden Frau“ in Japan bei aller Dankbarkeit keine allzu großen Geschenke machen!

Natürlich gehört der Samstagnachmittag mit der FAS-Zen-Gruppe auch 1986 wieder zu meinem Programm in Kyoto. Inzwischen ist diese Übung vom Myoshin-ji umgezogen in den Shokoku-ji, der schon mehrfach erwähnt wurde als Tempel von Daizohkutsu Rekido Ohtsu Roshi, dem Lehrer von Shizuteru Ueda, Lies Groening sowie Keiji Nishitani. Erwähnenswert auch, daß eine Aufnahme aus diesem (1392 begründeten) Ort und seiner Zendo-Übungshalle mit den Mönchen in ihrer grauen Kleidung beim ZaZen der Fluglinie Japan Airlines als Werbeplakat dient; deutlich sichtbar dort der diensttuende Aufsichtsmönch (Jikijitsu) mit dem eindrücklich erhobenen Warnstab oder Kyosaku.

Diesen führt dann wenig später Jeff Shore, der amerikanische Freund, der mich zusammen mit seiner japanischen Frau Fusako aus dem Hotel abgeholt und zum neuen Ort der Übung begleitet hat. Der Ablauf ist wie stets derselbe: Sutren-Rezitation und ZaZen-Übung vor der abschließenden Gesprächsrunde mit Tee und Keksen.

Jeff Shore hatte mich gefragt, ob ich dabei nicht etwas von meinen Gesprächen mit Nishitani und Hisamatsu berichten könnte, was ich gerne mache und wobei mir Fusako Shore mit der Übersetzung ins Japanische hilft. So ist das Thema an diesem Samstag im Mai 1986 nicht nur die Philosophie Hisamatsus, sondern mein Erlebnis ihrer Konkretisierung im Gespräch bis hin zum Koan der absoluten Ausweglosigkeit – „the way of nowayness", wie ich es im Englischen auszudrücken versuche. Unter dieser Überschrift hat Jeff Shore meinen Bericht später auch im FAS-Society Journal (1995) veröffentlicht.

Seit Anfang der neunziger Jahre kommt Jeff Shore regelmäßig für kurze Zeit nicht nur in seine Heimat USA (Philadelphia), sondern auch nach Europa, wo wir uns meist persönlich treffen können. Das Treffen in Tiltenberg hat hier schon Tradition, und das Symposium von Stockholm im September 1993 wurde inzwischen auch in Buchform unter dem Titel „Towards a European Zen?" dokumentiert. Dort hatte Jeff Shore ausführlicher über seinen ei-

Jiki Jitsu mit Kyosaku und Mönche beim Za-Zen im Shokoku-ji

Jiki Jitsu mit Kyosaku in Aktion

genen Zen-Weg berichtet, der ihn über Richard DeMartino als Lehrer an der Temple-Universität in Philadelphia 1981 nach Japan geführt hatte. Dort hatte er anfänglich als Englischlehrer und mittlerweile Philosophieprofessor gewirkt, wo ihm die ehrenvolle Berufung auf den früheren Lehrstuhl von Daisetz Teitaro Suzuki, Hisamatsu und Senkei Shibayama an der Buddhistischen Hanazono-Universität zuteil wurde.

Besonders am Herzen liegt ihm nach wie vor die FAS-Gesellschaft, der er sich in kontinuierlicher Zen-Praxis ebenso wie in zahlreichen Veröffentlichungen widmet. Wichtig aus seiner Sicht – und wie ich es auch mehrfach miterleben durfte – ist vor allem die moderne und autoritätsfreie Übung auf der Grundlage von gleicher Berechtigung und gleichmäßiger Beteiligung aller Übenden. „Postmodernist" lautet dazu einer der letzten Namenszüge von Hisamatsu selbst, womit er seine späten „Tuschspuren" signierte.

Vor dem Hintergrund der in Japan traditionellen und nie in Frage gestellten Autorität der Meister und Roshis wird dies allerdings von manchen schon als fast revolutionär empfunden. Andererseits hat Jeff Shore persönlich auch die Erfahrung des „klassischen" Zen mit dem Meister und Lehrer Fukushima Roshi im Tofuku-ji, was seinem eigenen Weg vielleicht zusätzliche Dynamik und Beschleunigung verschafft hat. Fukushima, von dem später noch die Rede sein wird, hat er auch öfters begleitet bei dessen Vortragsreisen in die USA. Zuletzt hat er dem gemeinsamen Zen-Freund und Philosophieprofessor Masao Abe (geb. 1915) einen umfangreichen und nicht unkritischen Artikel gewidmet im „Eastern Buddhist", wo er die 1998 erschienene „Festschrift" für Abe bespricht unter der Überschrift: „Abe Masao's Legacy" oder Vermächtnis mit dem schönen und indikativen Untertitel: „Awakening to Reality through the Death of Ego and providing Spiritual Ground for the Modern World" – ganz im Sinne von FAS-Postmodernist Hisamatsu und dessen lebensmächtigem Vermächtnis in seinem oben zitierten hinterlassenen Todesvers.

Im Anschluß an den FAS-Zen-Nachmittag mit Jeff und Fusako Shore und einem kleinen japanischen Abendessen treffe ich Professor Akihiro Takeichi, der zu jener Zeit noch Dekan der Graduierten-Schule für Menschen- und Umweltforschung an der Fakultät für gesamte Menschenforschungen der Universität Kyoto ist. Wenig später hat er an der Universität Augsburg auf Veranlassung von Professor Arno Baruzzi die Ehrendoktorwürde entgegennehmen können.

An diesem milden Abend im April 1986 machen wir einen ausgedehnten Spaziergang im Park von Kyoto, wo unendlich viele Kirschbäume in voller Blüte stehen und die Menschen darunter späte Picknicks veranstalten. Auf unserem Weg erklärt mir Takeichi, daß man dies „Unter-Mitternachts-Kirschblüten" nenne, was eine ebenso berühmte und beliebte Form der Kirschblütenfeier sei wie die tagsüber ausgedehnten Sitzpartys unter den blühenden Bäumen, die jeder Japaner mindestens einmal in dieser Jahreszeit mitzumachen sucht. Und wir nun also machen dies auf dem „Philosophenweg", wobei sich Takeichi für das Befinden von Fritz Kroeger und dessen „Frankfurter Ring" ebenso interessiert wie für die Situation der Philosophie in Deutschland ganz allgemein und auch im Vergleich zu Japan.

Nun ist hierzulande leider die Zeit der großen Namen mit Hartmann, Heidegger und Jaspers ebenfalls vorbei. Zwar kommen wir auf die „Frankfurter Schule" um Professor Habermas zu sprechen, doch ist die so wenig aktiv-lebendig wie die Kyoto-Schule. Der „Jahrhundertmann" Hans-Georg Gadamer, wie Nishitani 1900 geboren, lebt zwar noch in Heidelberg und ist hie und da zu hören und zu sehen, nicht zuletzt dank der Fernsehaufzeichnung seiner „Geschichte der Philosophie" (1996). Aber an aktuellen, akuten und aktiven Lehrern und Vertretern der Philosophie besteht hier wie dort mehr Bedarf als Bekanntheit.

Dazu kommt, daß es in Deutschland, anders als in Japan, nicht die klassische Verbindung zwischen der Philosophie und der Religiosität wie gerade im Zen gibt, abgesehen vielleicht von der bereits erwähnten Freiburger Philosophin und Zen-Lehrerin Joshiko Oshima mit ihrem letzten Buch: „Nähe und Ferne – mit Heidegger unterwegs zum Zen“[16] – was sie beides seit dreißig Jahren gleichermaßen beschäftigt. So führt auch ihr Seminar „Anders denken? mit Heideggers Sein und Zeit“ im Sommersemester 1998 in dessen § 40 unter der Überschrift „Die Grundbefindlichkeit der Angst als eine ausgezeichnete Erschlossenheit des Daseins“ in fast Zen-gemäße Seinsthematik, wobei sie ohnehin „Sein und Zeit“ als das deutsche Zen-Buch schlechthin bezeichnet.

Von der Philosophie und den mitternächtlichen Kirschblüten führt uns der späte Weg schließlich zu einer „mama-san“ an die Theke einer der typisch japanischen Lokalitäten, wo wir uns mit Sake, Bier und Kleinigkeiten erfrischen, bevor sich unsere Heimwege trennen.

Am anderen Tag mache ich mich von meinem Hotel in Osaka noch einmal auf den Weg unter Kirschblüten, diesmal im dortigen Schloßpark, wo ich viele Menschen antreffe bei ihrem individuellen Kirschblütenfest auf dem Rasen, in ganzen Familien oder Gruppen. Trotz offenbar auch reichlich fließendem Sake ist die allgemeine Stimmung eher still oder verhalten, bei aller ersichtlichen Fröhlichkeit. So hört man auch recht laut und deutlich aus einer gewissen Richtung kurze, laute Schreie und helle, heftige Schläge wie von Holz auf Holz oder Bambus – und so ist es auch. Ich komme schließlich zu einer großen, offenen Halle oben auf dem Berg des Schloßparks, wo offensichtlich eine Gruppe Kendo-Kämpfer beim Training ist. An Stelle der scharfen Samurai-Schwerter werden zur Übung lange Bambusstöcke benutzt, deren Treffer aber im Zweifelsfall auch schon schmerzhaft genug sein können. Es gibt deshalb den Kopf- und Gesichtsschutz, Handschuhe und Leder auch um den Oberkörper. Nur die Füße sind nackt unter der langen, schwarzen Kleidung und im Gang und Sprung auf dem Tatami-bedeckten Boden. Und während die Kämpfer stehend offenbar mit der ganzen Kraft des Hara mit der Erdmitte verwurzelt sind, offenbaren sie ungewohnte Kraft und

Grazie gleichermaßen in der Bewegung von Angriff und Verteidigung.

Es sind nur einige wenige Paare, die sich in der Mitte der großen Halle jeweils mit den langen „Bambusschwertern“ bewegen, während am Rande der Halle zahlreiche Schüler im Fersensitz und meditativer Stille und Haltung scheinbar unbeteiligt, aber doch höchst konzentriert und aufmerksam darauf warten, bis die Reihe an ihnen ist.

Die Übung selbst ist ein faszinierender Vorgang, auch wenn man nicht alle Regeln und Rituale des Waffengangs kennt und erfaßt. In einer gelungenen Begegnung von zwei Meistern ihres Fachs entsteht nicht mehr der Eindruck von Kampf und Auseinandersetzung, sondern eher von spielerischem Tanz und Zusammengehen, wo erst in der gelungenen Parade des jeweils mit einem Schrei vorgetragenen Angriffs der harte Laut des gegeneinander schlagenden Bambus hörbar wird, der mich hierhergeführt hat. Hier wird Zen in Aktion sichtbar, und ich erfahre später nicht nur, daß es sich um ein Training der Polizeischule handelt, sondern auch, daß es in Japan etwa sieben Millionen aktiver Kendoka gibt. Wie bei allen Zen-Wegen drückt sich die zunehmende Meisterschaft und Reife im Dan-Grad von 1 bis 9 aus. Der höchste Grad des neunten Dan wird erst in hohem Alter erreicht; alle sechzehn noch lebenden Träger in Japan sind über siebzig Jahre alt. Dabei geht es dann nicht mehr um körperliche Geschicklichkeit und Kraft, sondern um geistige Gewärtigkeit und Stärke.

„Sieg gehört nur dem Einen
vor des Kampfes Beginn schon,
der seines Ich nicht gedenkt,
der im Ursprung, im Nicht-Ich wohnt.“

So lautet ein alter Zen-Vers zum Kendo, und ein anderer:

„Das Auge sieht ihn,
doch keine Hand kann ihn fassen,
den Mond im Wasser:
Das ist meiner Schule Geheimnis."

So hatte ein alter Zen- und Ken-Meister es formuliert.

Ohne jede Ablenkung durch Gefühle, Absichten oder sonstige Irritationen entspricht der Übende von Zen und Ken ganz und gar spontan der jeweiligen Situation, auf die er unmittelbar und unvermittelt reagiert, so wie ein Spiegel das Bild reflektiert, das er hält, ohne es festzuhalten.

„Im Angriff abzuwarten und im Abwarten anzugreifen, im Gehen ohne Form und im Kommen ohne Spur, unbewegt in der Bewegung, ruhelos in der Ruhe" – so lauten die paradoxen Anweisungen von Shissai Chozan aus dem frühen 18. Jahrhundert, und er fährt fort: „Innere Reinheit bedeutet, daß man sein Herz reinigt und vom Schmutz selbstsüchtiger Gedanken und zügelloser Phantasien befreit, zu seinem wahren Wesen der Begierdelosigkeit zurückkehrt und seine ursprüngliche, angeborene, himmlische Natur pflegt. Gibt es ein Ich, so gibt es auch einen Gegner. Wenn das Ich frei vom Denken ist, dann bietet die Form keine Angriffspunkte. Ich erkläre Ihnen nichts weiter als die Vorteile der (Nicht-)Waffe Ihres eigenen Ich. Denn wenn Sie die nicht beherrschen, dann ist es nutzlos, daß Sie die Waffe Ihrer jeweiligen Schulmethode in der Hand führen ..."

Und es ist richtig: Nur, wo kein Selbst und kein Anderer mehr ist, da entsteht in Nicht-Zweiheit (jitafuni, Sanskrit: advaita) die Bewegung von zwei Wirkungsweisen eines Wesens. Die Wahrheit, die sich sichtbar ausdrückt und sich selber grundlos genießt, ist die Sphäre, in der Meister sich bewegen, wenn sie ihre Klingen kreuzen. Dabei gibt es dann oftmals weder Sieger noch Besiegte, der Gang, besser Tanz der in Selbstlosigkeit geführten Schwerter folgt seiner eigenen Melodie der gestaltlosen Gestalt und ihrer Partitur der erfüllten und erfühlten Stille.

Dies im Schloßpark von Osaka „zufällig" miterleben zu dürfen, war ein echtes Geschenk. Vertieft wurde es noch durch das Erlebnis der folgenden Geschichte, die sich bei Ankunft in Tokyo nach der Fahrt mit dem „Shinkansen" von Osaka aus ereignete. Für die letzten Tage des Japan-Aufenthaltes im Jahre 1986 sollte ich Gast im Privathaus meines Lehrers Nagaya sein. Mit einem ziemlich schweren Koffer suchte ich deshalb am Bahnhof von Tokyo ein größeres Taxi, das ich schließlich auch fand – mit zwei Mann Besatzung. Zwar kannte ich die gesuchte Adresse genau, doch muß man wissen, daß dies in Japan noch keine Garantie ist für die Auffindbarkeit: regelt sich doch die Numerierung der Straßen und Plätze dort nach völlig anderen Kriterien als bei uns.

Auf der Stadtkarte meiner beiden Taxifahrer fand ich schließlich den Friedhof heraus, von dem ich wußte, daß dort in der Nähe das gesuchte Haus sein mußte – wo ich ja früher schon einmal gewesen war. Als wir schließlich aber von der Rückseite zu besagtem Friedhof kamen, war damit plötzlich auch die Straße zu Ende – zu meinem nicht geringen Schrecken, denn ich stellte mir vor, wie nun ein Taxifahrer in Frankfurt reagieren würde ... Nicht so in Japan. Einer der beiden Fahrer schulterte meinen schweren Koffer, der andere suchte auf dem Stadtplan weiter nach dem Weg und so kamen wir schließlich von rückwärts und quer durch den Friedhof zu Fuß zu dem gesuchten Haus, das ich wiedererkannte. Meine beiden neuen Freunde stellten das Gepäck ab, läuteten und verneigten sich schon im Anblick des in Holz geschnitzten Hausnamens „Takuboku Dojo". Als dann Nagaya im Tor erschien und uns hereinbat, wurden die Verbeugungen noch tiefer.

Mein Koffer wurde an der Bodenseite genauso sauber abgeputzt wie meine Schuhe, die ich am Eingang auszog, wo mir ein Sitzplatz angewiesen wurde. Zu meiner nicht geringen Überraschung war damit auch die erste Begrüßungs-Freundlichkeit für den „Freund, der aus der Fremde herkam" (mit dem Gedicht von Hisamatsu) schon beendet, während sich draußen ein lautstarkes, aber spürbar nicht unangenehmes Gespräch zwischen meinem Gastgeber Nagaya und den beiden Herrn vom Taxi entspann.

Er kam auch zwischendurch herein, suchte ein Buch und ging damit wieder hinaus – und weiter ging das mir unverständliche Palaver. Nachdem ich schließlich die völlig korrekte und keinesfalls durch Zeitablauf erhöhte Taxirechnung bezahlt hatte und ins eigentlich Innere des Hauses geführt wurde, stellte sich folgendes heraus: Einer meiner beiden Taxifahrer war ein Kendo-Übender des 5. Dan und sein Lehrer, der damals 86jährige Schwertmeister Ogawa, war ein Zen-Kollege und persönlicher Freund meines Lehrers und Gastgebers Nagaya! Diese Verbindung hatten die beiden in dem längeren, wortreichen Gespräch nach unserer Ankunft gemeinsam festgestellt – womit sich für mich wieder einmal im persönlichen Erlebnis dokumentierte, daß Zen auch im Japan von heute noch Bestandteil gelebter Weg-Kultur sein kann, ganz unabhängig von Beruf und Bildungsstand.

Es ist für mich eine ganz besondere Ehre, in diesem Frühjahr 1986 eine Woche persönlicher Gast meines verehrten und nun mittlerweile 91 Jahre alten Zen-Freundes und Lehrers Tetsuo Kiichi Nagaya sein zu dürfen. Dazu kommt, daß ich im acht Tatami großen Dokusan-Zimmer im ersten Stock wohnen darf mit dem Fenster zum Friedhof und mit der Tokonoma-Bildnische mit dem erschreckend schönen Gesicht des Bodhidharma. Wie ich erfahre, handelte es sich dabei ebenfalls um ein wertvolles Original vom Pinsel Hakuins, so wie seinerzeit bei Hisamatsu. Nur wenn man weiß, welcher Respekt dem Erneuerer des Zen im Japan des 18. Jahrhunderts und Begründer der Rinzai-Richtung allgemein entgegengebracht wird, versteht man, was es bedeutet, eine Woche lang mit dem Kopf unter einem solchen Bild schlafen zu dürfen, wie es mir nun geschah.

Zu meiner Bequemlichkeit zählte eine kleine europäische Toilette und ein winziger Waschraum von etwa einem Quadratmeter Größe. Zu meinem Empfang hatte die (meist unsichtbare) Haus-

Bildrollen im Tokonoma im Haus von Nagaya

frau eine Kirschblüte auf dem Wasser in der Plastikschüssel schwimmen lassen, wodurch diese einen zusätzlichen Charme gewann. Auch an die Spiegelscherbe von knapper DIN-A4-Größe am Türpfosten gewöhnte ich mich bald zum morgendlichen Rasieren, wobei das Waschen relativ kurz wegkam – ähnlich den Verhältnissen im Zen-Kloster, wo sich die Mönche morgens mit einer Bambuskelle voller Wasser begnügen müssen. Dafür durfte ich abends das Bad im heißen Wasser des Ofuro genießen, wovor die gründliche Reinigung mit Seife steht, zu der man in der für Europäer etwas ungewohnten Haltung auf dem kleinen Holzschemel sitzt. Auch „mein" Acht-Tatami-Raum war etwas gewöhnungsbedürftig, da es außer dem flachen Bett am Boden und einem Tischchen dem japanischen Stil gemäß keinerlei Möbel gab. So wurde der große Koffer einfach unter die Dachschräge geschoben, und an dem Querbalken darüber konnten zwei Kleiderbügel hängen, während ich mich im Hause und für zu Hause des Gast-Kimonos erfreute. Dafür aber wußte ich um die Geschichtsträchtigkeit dieses Raumes, und Nagaya hatte nicht versäumt, mir am Stützbalken des Tokonoma eine etwas hellere, leicht abgescheuerte Stelle zu zeigen, etwa einen Meter über dem Boden. Dort, so sagte er, lehnte gelegentlich sein Lehrer in der Müdigkeit des tagelangen Sitzens seinen Kopf an, während Liegen und Schlafen in der Strenge des ZaZen nicht in Frage kamen! Doch wie erwähnt, war es überhaupt eine besondere Ehre, hier schlafen zu dürfen, die außer mir nur noch einem anderen Zen-Freund und Gast aus Europa (Pfarrer Karl Obermayer aus Wien) einmal zuteil wurde.

Das Essen am Abend wurde gelegentlich für den Professor und mich in einem der unteren Räume, nahe der Küche, zelebriert, wenn es zum Beispiel Sukiaki gab: Fleischscheiben in einer Soja-Gemüse-Brühe gegart und dann mit einem Ei in der Eßschale genossen. Davon gab es, so viel Hunger und Höflichkeit erlaubten – begleitet von Reis und einigen Schälchen des warmen Reisweins Sake. Das Ganze wurde geschickt und liebevoll von der Hausfrau am anderen Ende des kleinen Tischchens zubereitet – wobei es ihr, selbst auf vorsichtiges Fragen des europäischen Gastes hin, nicht in den Sinn gekommen wäre, an der Mahlzeit teilzunehmen. Ihr persönliches Essen fand nach hergebrachter Sitte hinterher in der Küche statt.

Einmal in der Woche, am Dienstagabend, fand von 18 bis 20 Uhr ein gemeinsames ZaZen in der Sitzhalle des Takuboku-Dojo statt, zu dem ich eingeladen wurde. Etwa 15-20 Personen verschiedenen Alters und Berufs, Männer und Frauen, nahmen daran teil. Natürlich bleiben die Schuhe (ordentlich) draußen stehen, und der Übungsraum mit seinen Tatami wird nur barfuß betreten, wozu sich jeder mit seinem Kissen einen Platz am Rande sucht. Mancher kommt zu spät durch den starken Verkehr in der Stadt. Er entschuldigt sich mit Verbeugung und „Gassho" bei dem der Schiebetüre Nächstsitzenden, der für die Ordnung in der Zendo verantwortlich ist, um dann still mit seinem Sitzkissen einen noch freien Platz am Rande der Runde einzunehmen.

Der Rinzai-Sitte gemäß sitzt man mit dem Gesicht zum Innenraum, den Blick zum Boden gesenkt und nach innen gerichtet. Auch hier geht der Aufsichtführende zum Ansporn gelegentlich mit dem Kyosaku die Runde entlang, bevor er dann nach etwa $1^1/_2$ Stunden mit dem Glöckchen das Ende der gemeinsamen Übung im Stillschweigen ausläutet. Ähnlich der Praxis bei der FAS-Gruppe schließt sich auch hier noch ein „gemütlicher" Teil mit Tee und Keksen sowie der Möglichkeit zum Gespräch an. An diesem Abend ist es verständlicherweise meine Anwesenheit, die nach Erklärung verlangt und die ich zu geben versuche, nachdem zum Glück der eine oder andere etwas Englisch versteht – oder die Beredsamkeit meines japanischen Schweigens mit Herz und Körper zu hören und zu deuten vermag.

Am letzten Samstag meiner Reise – es ist der 19. April 1986 – würde ich gerne nach Kamakura fahren und dort nach Möglichkeit Yamada Koun Roshi besuchen, bei dem so viele Europäer gelernt und geübt haben. Ich hatte ihm schon früher mit diesem Anliegen geschrieben, aber – wie bei Zen-Meistern üblich – keine

Antwort erhalten. Schon von Osaka aus hatte ich den Telefonkontakt gesucht, was die freundliche Sekretärin aus dem Lufthansa-Büro des Herrn Stavenhagen in nicht geringe Verwunderung versetzte. Der Meister bekomme Waschkörbe voll an Briefen und könne sich nicht selbst um jede Korrespondenz kümmern, wurde ihr geantwortet. Außerdem sei es viel besser, erst einmal jemanden aus seiner Schülerschaft zu sprechen, was ich dann wiederum bei der mir empfohlenen Frau Brigitte D'Ortschy versuchte (von der auch die Übersetzung des Buches von Philip Kapleau[17] aus dem Englischen stammt). Dabei handelte ich mir allerdings eine herbe Abfuhr ein, denn: „Ein Besuch beim Roshi ist nur möglich, wenn ich Sie vorher sehe und empfehle!"

Dazu war nun allerdings nach dem Reiseplan keine zusätzliche Zeit mehr, und Nagaya Roshi, der das Problem mitbekommen hatte, fragte freundlich: „Vielleicht kann ich den Herrn in Kamakura einmal anrufen?" Und so geschah es dann auch, was zu einem offensichtlich – besser: offenhörlich – positiven und längeren Telefongespräch unter Gleichgesinnten führte. Etwa eine Stunde später rief Yamada wie angekündigt zurück und bestätigte mir auf Englisch einen Termin bei sich für den folgenden Samstag um 16.00 Uhr.

Der fürsorgliche Professor Nagaya ließ es sich nicht nehmen, mich selbst zum Bahnhof zu begleiten, damit ich auch sicher den richtigen Zug nach Kamakura nähme. Und als er mich sicher darin wußte, sprach er noch meinen Sitznachbarn auf japanisch an mit der Bitte, mich an der richtigen Haltestelle in Kamakura zum Aussteigen zu veranlassen! Es war etwa eine Stunde Fahrt mir der Bahn, und ich kam gut und rechtzeitig an – fand auch, wie angegeben, das Haus Nummer 1-6-5 Hase, etwas abseits der Hauptstraße und nicht weit von der berühmten großen Buddha-Statue entfernt, die ich schon früher besucht hatte. Diesmal aber galt mein Besuch nur dem „lebenden Buddha" des Jahrgangs 1907, Yamada Koun Roshi, nicht zu verwechseln mit dem in japanischen Zen-Kreisen ungleich bekannteren Yamada Mumon Roshi aus dem

Myoshin-ji in Kyoto, der damals schon hochbetagt zurückgezogen in Kobe lebte.

Yamada Koun lebte mit seiner Frau und drei Kindern seit 1948 in dem Haus in Kamakura, an das er Anfang der siebziger Jahre eine Zen-Übungshalle anbaute. Mit dem Namen „Sanun Zendo" oder „Drei-Wolken-Übungshalle" wurden seine beiden verstorbenen Lehrer, Harada und Yasutani, und deren Zen-Namen mit einbezogen. Harada-"Daiun" hieß „große Wolke", Yasutani-"Hakuun" hieß „weiße Wolke" und Yamada-"Koun" selbst „ziehende Wolke" – daher das Bild der drei Wolken, ergänzt noch durch den Namen der Zen-Gemeinschaft „Sanbo Kyodan", die Yasutani gegründet und 1970 der Leitung von Yamada Koun übergeben hatte.

Sein eigener Laien-Zen (Koji-Zen) Dojo erfreute sich, wie schon erwähnt, vor allem auch bei christlichen Ordensleuten (Lassalle SJ, Willigis Jäger OSB, Niklaus Brantschen SJ, Pia Gyger und viele andere mehr) großer Anziehungskraft, wobei ich als Wirtschaftsmann der Begegnung mit dem früheren Nissan-Manager mit besonderem Interesse entgegensah.

Der Empfang war freundlich, und das Gespräch über Zen in Japan und Deutschland gut und von beiden Seiten interessiert, wofür sicher der Anruf durch Nagaya ein übriges getan hatte. Mit dabei waren zwei jüngere Jünger aus Deutschland, die bei Bedarf helfen sollten zu dolmetschen – was aber bei seinem sicheren Englisch nicht notwendig war. Im Gegenteil: An einer Stelle der Unterhaltung fragten sie mich, ob ich nicht mein Geschenk für den Roshi mit Widmung versehen wolle. Da ich ihm einen Montblanc-Schreibstift mitgebracht hatte, wunderte ich mich sehr. Der Irrtum klärte sich bald auf – hatte er mich doch fragen wollen, ob er mir sein Buch „Gateless Gate" (Mumonkan)[18] widmen dürfe, das er mir schenken wolle, was denn auch geschah und womit ich wenigstens über seine japanische Handschrift verfüge.

Die zusätzliche Tuschspur, die er für mich anzufertigen bereit war, erließ ich ihm – nicht zuletzt aus Gründen der Zeit, die mit Gespräch, Tee, Süßigkeiten und Obst wie üblich rasch vergangen war. Statt dessen folgte ich ihm gerne zu der angebotenen Besichtigung der Zendo, in der die Plätze der einzelnen Teilnehmer markiert waren, wobei die Sitzrichtung Soto-gemäß zur Wand zeigte. Der kleine Schrein an der Stirnseite bot Platz nicht nur für Buddha und Kuan Yin, sondern in echter Ökumene auch für das Kreuz, Marienbilder, den benediktischen Phoenix, ein Papstbild und die Fotos der Gründer, Harada und Yasutani. Ob ich diese Ansammlung von Verehrungswürdigem allerdings für wirklich gut und sinnvoll halten sollte, darüber war ich mir nicht im klaren, bietet hier doch das echte Zen mit seiner „Fülle des Nichts" und den diesbezüglichen Tuschzeichen eine konzentriertere und der Stille des Ortes der Übung vielleicht eher angemessene Atmosphäre.

Verwunderung stellte sich auch beim Besuch des relativ dunklen Raumes für Dokusan und Einzelgespräch bei mir ein. Dort stand ein breiter, höherer Zen-Stuhl in Form einer kleinen, erhöhten Plattform relativ weit entfernt von dem Platz, den zu ebener Erde der Schüler einzunehmen hatte. Die Verbindung zwischen beiden sowie zum Eingang bestand aus einem ganz in Schwarz gehaltenen Läufer, der über den Tatami lag und der ganzen Sache ein eher düsteres Aussehen und eine wohl gewollte Er-Niedrigung und stimmungsmäßige Bedrückung für den potentiellen Dokusan-Partner vermittelte. Zurück am Tageslicht und im Wohnhaus, tauschten wir letzte Höflichkeiten aus, und ich verabschiedete mich nicht ohne den gebührenden Dank für die Begegnung, die so kurzfristig möglich geworden war.

Von einer anderen Besonderheit der Sanbo Kyodan-Schule hörte ich erst nach meiner Rückkehr in Deutschland, daß nämlich zwischen ihren Lehrern oder Meistern eine Art Ausschließlichkeitsanspruch praktiziert wird. Das bedeutet, daß man als angenommener Schüler eines Lehrers nicht mehr bei einem anderen praktizieren darf, und sei er von derselben Schule. Hier scheint das klassische und immer vom vollen gegenseitigen Vertrauen abhängige Lehrer-Schüler-Verhältnis (auf Gedeih und Verderb!) doch etwas zu weit getrieben, wenn man sich dazu noch des Ausspruchs von

Bodhidharma als dem Ur-Patriarchen des Zen vor dem Kaiser Wu-ti der Liang-Dynastie in China (502-550) erinnert. Befragt nach dem Sinn der heiligen Wahrheit sagte dieser: „Große, offene Weite, nichts von heilig." Als sich der buddhistisch gläubige und geschulte Kaiser Wu-ti damit nicht zufriedengab und weiter fragte: „Und wer ist es dann, der vor mir steht?" antwortete Bodhidharma: „Ich weiß es nicht, Majestät." In seiner Trauer, den Patriarchen nicht richtig eingeschätzt und angesprochen zu haben, widmete ihm der Kaiser später folgende Grabinschrift:

„Ach! Ich sah ihn und sah ihn nicht,
ich traf ihn und traf ihn doch nicht,
empfing ihn und empfing ihn nicht.
Heute wie vor vielen Jahren
klage ich mich deshalb an."

Ob sich von daher vielleicht noch eine zusätzliche Begründung ergibt für den Wechsel von Pia Gyger und Niklaus Brantschen zu Bernard Glassman Roshi, wie er weiter oben ausführlich beschrieben wurde, mag dahingestellt bleiben. Pia Gyger selbst in ihrer warmherzigen und offen-kommunikativen Art macht jedenfalls keinerlei Hehl daraus, daß sie eigentlich vier Zen-Lehrer nacheinander hatte: Lassalle, Yamada Koun, Robert Aitken und nun Bernie Glassman. Im persönlichen Gespräch meint sie noch dazu, daß nichts gegen eine solche Entwicklung in heutiger Zeit spreche, wo sich ohnehin sehr viel im Wandel befindet. In der Tat handelt es sich ja bei der beschriebenen Art von neuem Weg nicht etwa um leichtfertige Wechsel von einem Lehrer und Meister zu einem anderen, wie ihn wohl die Sanbo Kyodan Zen-Schule in der Nachfolge von Yamada Koun nach wie vor überernst zu bannen versucht. Hier spiegelt sich vielmehr eine ganz eigenständige und persönliche, ernsthafte und mit längerem geistigen Ringen und gewaltiger Anstrengung verbundene Entwicklung wieder, die zu einer modernen Art von praktiziertem Zen in der westlichen Welt von heute geführt hat. Insofern haben sicher Street-Retreats und Peacemaker-Bewegung nach Bernie Glassman mit ihren sozialen Implikationen mehr gemein mit den Bemühungen etwa der FAS-Society und dem auch von dieser angestrebten Prinzip der Gegenseitigkeit von Autorität als so mancherlei streng hierarchisch orientierte Zen-Schulen traditioneller japanischer Prägung.

Nach der Rückkehr aus Kamakura wurde es auch in Tokyo wieder Zeit zum Koffer packen. Nagaya, der kleine Mann mir der großen Güte, ließ mich nicht gehen, ohne noch einmal eine ganze Reihe von Tuschspuren für mich auf Geschenkpapier-Kartons zu zeichnen, wie beispielsweise das Zeichen für die Teezeremonie, die wir auch bei ihm begangen hatten: „Ehrfurcht – Harmonie – Reinheit – Stille" – das sind die unabdingbaren Voraussetzungen für Chado, den Teeweg.

Suzanne Steiner, die überaus hilfreiche Schweizer-Japanerin, die mir bei vielen Terminen und Gesprächen geholfen hatte, holte mich mit dem Taxi beim Takuboku-Dojo ab, um mich zur Busstation in Richtung Flughafen zu begleiten. Nach dem Abschied von Nagaya und seiner Frau in lächelnder, leuchtender Stille dann auch der Abschied von ihr – mit einem Zeichen von Nagaya: MU = Nichts; wobei sie dann meinte, mehr habe sie doch auch für mich nicht getan! Es war ein wahrhaft erfülltes vielfältiges Nichts reichhaltiger Unterstützung am Ende einer Reise voller Erlebnisse und Begegnungen.

Dritte Japanreise (1989) mit Besuchen bei Fukushima Roshi im Tofuku-ji. Shiosawa Roshi im Nansen-ji, Kyu-Do-Übung im Engaku-ji in Kamakura, bei Hirati Roshi im Tenryu-ji und bei Familie Nagaya in Tokyo

Im Jahr 1989 war es soweit, daß ich zu meiner nächsten Japanreise aufbrechen konnte: dieses Mal zusammen mit Ehefrau Annette, für die es der erste direkte Kontakt war im und mit dem Lande, von dem ich ihr schon so viel erzählt hatte. Zwar hatte sie vor Ort etwas Schwierigkeiten mit der Zeitumstellung, dafür sah sie abends des öfteren im Fernsehen noch die typischen japanischen Samurai-Filme, die alle Programme dominieren. Dagegen haben amerikanische Serien wie etwa „Dallas", keinerlei Chancen im Land der aufgehenden Sonne und mußten dort mangels Interesse und entsprechender Einschaltquoten in kürzester Frist wieder abgesetzt werden. Die Figur des Samurai aber ist klassisch und allgegenwärtig, in Filmen wie auch bei gelegentlichen Straßenumzügen oder ähnlichen Festen, wo sich die Herren gemessenen Schrittes und im Stolz der traditionellen Kostüme bewegen und entsprechend bewundert werden.

Dank der vorausgegangenen Vermittlung des liebenswürdigen Freundes Toshio Asada-san aus Hamburg, der seit einigen Jahren den japanischen Tuschspuren-Kalender mit den Zeichen der Zen-Meister vertreibt, kam es in Kyoto sehr kurzfristig zum Kontakt mit Fukushima Roshi, dem Chef-Abt des Tofuku-ji. Von seinen Vortragsreisen in die USA beherrscht er vorzüglich die englische Sprache, was der Verständigung schon am Telefon sehr dienlich ist. „Why don't you come tomorrow afternoon?" lautet seine unkomplizierte Einladung, und er ergänzt: „For sure, Mrs. Zürn is very

Jeff Shore mit Fukushima Roshi

welcome, too, in our temple" als Antwort auf die vorsichtige Anfrage zum Damenbesuch im Zen-Tempel. Daraus ergibt sich allerdings heute wohl nirgends mehr ein echtes Problem, und so durfte Frau Asada-Klockmann zu etwas früherer Zeit sogar mit den Mönchen gemeinsam in der Zen-Übungshalle des Tofuku-ji an der ZaZen-Meditation teilnehmen.

„Ich werde Ihnen einen Mönch mit einem Wagen zum Myako-Hotel schicken, der Sie hierherbringt", hatte Fukushima Roshi am Telefon noch gesagt. In Anbetracht anhaltenden Regens und relativ weiter Entfernung stellte sich dies als besonders hilfreich heraus. Als wir dann zur verabredeten Zeit in die Hotelhalle kamen – wo uns natürlich zusätzlich Regenschirme bereitgestellt wurden –, stand ruhig und bescheiden neben der Eingangstür und in seinen nassen Holzsandalen unverkennbar der angekündigte Mönch zur Abholung.

Weiter herein in die Halle des feinen Hotels wollte er in seiner einfachen Tempelkleidung und mit den nassen Schuhen offenbar nicht kommen, obwohl es sich um einen jungen Amerikaner, Kei-san, handelte, der nur auf Zeit im Tofuku-ji lebte.

Er begleitete uns zum nahestehenden Wagen: einer feinen Taxi-Limousine, deren Fahrer mit Schirmmütze und weißen Handschuhen uns höflich den Schlag öffnete – ein ungewöhnlicher Start in den Tempelbesuch, aber Kei-san erklärte uns, daß es sich bei dem Fahrer um einen Freund des Roshi handle, der manchmal für ihn fahre. Kei-san selbst war verhältnismäßig schweigsam auf der Fahrt, nicht nur aus Zen-Höflichkeit, sondern auch aufgrund der gerade im Tempel abgehaltenen Intensivübung eines einwöchigen Sesshin im Schweigen, das er nur im ausdrücklichen Auftrag des Roshi auf kurze Zeit hatte verlassen dürfen, um uns abzuholen – was ihm vielleicht als Unterbrechung auch persönlich willkommen war.

So wurden wir gut zu Fukushima Roshi geleitet, der uns herzlich, auch mit Handschlag auf westliche Weise begrüßte, nachdem wir versucht hatten, ihm unsere verehrungsvolle Verneigung darzubieten. Dem entsprach dann auch der Empfang in seinem westlich eingerichteten „Büro" mit Ledersofa und Sesselgarnitur, was vor allem für Frau Zürn mit einem leichten Knieproblem sehr hilfreich war. Zwar hatten wir auch den typischen Tatami-Raum des Meisters mit seinen traditionellen Sitzkissen gesehen, doch war uns die vertraute Haltung auf den westlichen Möbeln wesentlich angenehmer.

Dies galt auch für den Teegenuß, den ein Mönch mit tiefer Verbeugung auf den Knien vorbereitete und wozu es japanische Süßigkeiten gab. Zum Glück hatte Herr Asada uns schon darauf vorbereitet, daß im Tempel europäische Süßigkeiten besonders willkommen seien, und wir waren mit Marzipan und ähnlichem geschenkmäßig gut vorbereitet.

Nach Tee und allgemeinem Gespräch zu Zen in Japan und den USA wurden wir von Kei-san durch die Tempelanlage geführt, die in Kyoto als besonders schön und sehenswert gilt. Dafür stehen auch einige Gebäude wie die Haupthalle und das Haupttor, die als sogenannte „National Treasure" eingestuft sind. Kein

Wunder, daß gerade von hier aus mehr als dreihundert Tempel des Rinzai-Zen geleitet und verwaltet werden. Zurück beim Meister nach dem beeindruckenden Rundgang, bei dem wir noch aus der Zen-Halle den Sutren-Gesang der Mönche hören konnten, hatte er für uns sein Geschenk vorbereitet. Es handelte sich um einen mit dem Tuschpinsel bemalt-beschriebenen Fächer, dessen Vers er zusätzlich auf japanisch, chinesisch und englisch aufgeschrieben hatte:

„The old pine talks wisdom of Satori,
the calm bird whispers Satori of Zen."

Gezeichnet war das Ganze zusätzlich mit seinem Zen-Namen Koyu als do-nin oder Zen-Mann aus dem Tofuku-sodo und den entsprechenden roten Stempeln, gewidmet ausdrücklich für Dr. and Mrs. Zürn am 6. Mai 1989 im Tofukuji-Kloster.

Gefragt, ob wir noch einen Wunsch hätten, ergab sich im Gespräch die Erwähnung seines Kollegen Shiosawa Roshi im Nansen-ji, den wir gerne auch besucht hätten – wenn es möglich wäre. Er wolle sich gerne erkundigen, sagte Koyu-Fukushima, und schon brachte ein Mönch das Telefon mit der entsprechenden Nummer herein. Zwar konnten wir natürlich dem japanischen Telefonat nicht folgen, doch waren eine positive Stimme und Stimmung unüberhörbar – und siehe da: „My Zen-friend Shiosawa will be pleased to receive my western Zen-friends in his temple!"

So verfügten wir zum Abschied von Fukushima Roshi aus dem Tofuku-ji noch über eine gewichtige Empfehlung zu einem anderen wichtigen Zen-Ort und Zen-Meister, wofür wir zusätzlich dankbar waren.

Während unser amerikanischer Führer Kei-san sich mittlerweile wieder in die strenge Übung seines Sesshin einzugliedern hatte, die wir auch bei unserem Rundgang teilweise hatten beobachten können, durfte uns der Taxi-Freund des Meisters zum Hotel zurückfahren, was in Anbetracht von Regen und Entfernung ein wirklich sehr willkommener Luxus war.

Im Hinblick auf die sprachliche Problematik zum Besuch bei dem nur japanisch sprechenden Shiosawa Roshi hatten wir das Glück, daß uns ein anderer junger Amerikaner und Zen-Freund, Jeff Shore, dorthin begleiten konnte. Vom Hotel zum Nansenji-Tempel, der ebenfalls zu den berühmten Sehenswürdigkeiten von Kyoto gehört, war es nur ein kurzer Fußweg, und wir wurden zum vereinbarten Zeitpunkt vom Meister erwartet.

Auch dort wieder das Zeremoniell der Begrüßung mit dem bitteren grünen Tee nach dem Genuß einer Süßigkeit und dann ein etwas schwieriges und streckenweise schweigsames Gespräch, zu dem wir dem Roshi auf den Sitzkissen in seinem größeren Tatami-Raum gegenüber saßen. Da Jeff Shore ihn noch nicht persönlich gekannt hatte, war auch für ihn die Begegnung mit dem sehr eindrücklichen Zen-Meister eine Bereicherung, die sich auch uns in der sehr wohlwollenden Atmosphäre unmißverständlich kundtat – „von Herz zu Herzen!"

Schon beim Eingang zu Shiosawas Raum war mir ein Stellschirm aufgefallen, auf dem eines der klassischen Bilder von Hanshan und Shide zu sehen war, zweier halb-legendärer Eremiten der chinesischen Tang-Dynastie (618-906). Da sich ein solches Bild als Steinabdruck aus China seit langer Zeit auch bei uns zu Hause nahe dem Hauseingang befindet, war eine gewisse Verwandtschaft in Geist oder Geschmack unübersehbar und ich darüber dankbar erfreut.

Erst später begegnete ich in dem Buch von Kazuaki Tanahashi über den Zen-Meister Hakuin Enkaku[19] unter der Nummer 57 wiederum einem Bild der beiden sympathischen Narren Hanshan und Shide mit dem Text:

„Hast Du ein Gedicht von Hanshan im Haus,
ist das noch besser als Sutras zu lesen.
Schreib' es auf einen Stellschirm,
und wirf von Zeit zu Zeit einen Blick darauf."

Hanshan und Shide am Eingang im Hause Zürn

Wieder einmal waren Karma, Koan und Kairós in ungeahnte Übereinstimmung gekommen. Unter der Nummer 52 des besagten Hakuin-Buches findet sich notabene ein Spruch, den ich in besonderer Weise als für mich zutreffend finde und empfinde:

„Mitten im aktiven Leben
nach Erleuchtung zu trachten,
ist hundert,- tausend,- oder
hundertmillionen Mal besser
als in der Stille.“

Also kehrten auch wir in Kyoto wieder hinaus in das aktive Leben und bereiteten uns vor für den nächsten Tempel-Besuch im Tenryu-ji bei Hirata Roshi. Auch er hatte sich freundlicherweise erneut für einen Besuch bereit erklärt, und wir machten uns auf den etwas weiten Weg in den Westen von Kyoto, wo der „Tempel des Himmelsdrachen" liegt, über dessen legendäre Geburt mich Hirata beim letzten Besuch informiert hatte.

Auch dieses Mal ließ er es sich nicht nehmen, uns selbst durch den eindrücklich schönen Garten des Tempels zu führen, wo auf dem Weg vor uns im schwungvoll festen und zugleich leichten Gang sein langes schwarzes Gewand die Figur umflog. Am großen Teich machte er uns wieder aufmerksam auf die spielenden großen Fische, die im Wasser manchmal fast eine Art von buntem Turm bildeten, bis dieser wieder in einem Strudel in sich zusammenfiel, um anderswo erneut aufzuspringen.

Dieses Spiel gab Gelegenheit, uns auf eine besondere Stelle am gegenüberliegenden Rand des Teiches aufmerksam zu machen, die Hirata Roshi den „Trocken-Wasserfall" nannte: eine Felsformation, die der Zen-gemäße Gartenarchitekt bewußt so gestaltet hatte. Bei etwas längerem Verweilen mit Augen, Herz und Sinnen konnte man wirklich den nicht fallenden Wasserfall im Stein fallen sehen: „Ryu-Mon-Taki" – wörtlich übersetzt: „Drache-Tor-Wasserfall".

Wir kehrten zurück in den Raum des Roshi, wo Tee, Gebäck, Gespräch und Austausch von Geschenken und Geschwiegenem an der Zeit waren. Natürlich fehlte nicht das schon fast traditionelle „fränkische Weisheitswasser", und der Meister griff für Annette selbst zum Pinsel: „Kotobuki – glückliches, langes Leben", das Zeichen nun für sie, das ihr von Nagaya her in der Form schon vertraut war. Hier aber entstand es auf dem Untergrund von besonderem Goldpapier: Kompliment wohl für den weiblichen Besucher!

Der Meister wollte es sich dann auch nicht nehmen lassen, uns selbst vom Tempel aus zu der nahegelegenen Haltestelle einer Straßenbahn zu bringen, die uns sicher in die Innenstadt von Kyoto fahren würde. Wirklich eine einfache und hilfreiche Unterstützung, die uns einen problemlosen und noch nicht gekannten Weg eröffnete – zurück in die „andere Wirklichkeit“ von Kyoto.

Auch diese andere Wirklichkeit von Kyoto mit ihrem pulsierenden Leben auf Straßen und Brücken, mit ihren vielen kleinen Restaurants, wo man es lernt, Nudelsuppe mit Stäbchen zu essen, ist geprägt von der Welt der über vierhundert Tempel der verschiedenen Richtungen des Buddhismus. Dazu gehören Kegon, Shingon, Tendai, Amida und immer wieder Zen – ob in der Richtung von Soto-, Rinzai- oder Obaku-Zen. Sich dort zurechtzufinden, ist nicht ganz einfach und bedarf am besten einer Zen-gemäßen Einstellung. Dazu hatte schon im 14. Jahrhundert Daito Kokushi, der Begründer des berühmten Daitokuji-Klosters folgende Empfehlung gegeben, nachdem er zuvor zwanzig Jahre lang mit den Bettlern unter den Brücken gelebt hatte: „Wer sich im ZaZen üben will, der tue dies am besten auf der fünften oder sechsten Brücke von Kyoto (den belebtesten schon damals!) und achte die dort umherhastenden Menschen gleich den Bäumen im tiefsten Walde des Gebirges.“

Zum Daitoku-ji, Ryoan-ji mit seinem berühmten Sand- und Steingarten und vielen anderen der besonders sehenswerten Tempel der alten Kaiserstadt führte uns einen ganzen Sonntag lang sachkundig und liebenswürdig Professor Dr. Hidekazu Kawashima, Dekan der Philosophischen Fakultät der Doshisha-Universität. Er hatte in seiner Jugend zeitweise im Austausch in Mainz studiert und sprach dadurch hervorragend Deutsch, was uns als den vertrauten Fremden und japanischen Analphabeten natürlich sehr zustatten kam. Ohne diese besonders herzliche Führung und Begleitung hätten wir sicher nicht halb soviel von Kyoto und seiner Tempelwelt kennengelernt, was vor allem für die erstmalige Japan-Besucherin Annette von großem zusätzlichem Wert war.

Ein Erlebnis von besonderer und ganz eigener Art in Kyoto verdankten wir wiederum unserem Freund Toshio Asada aus Hamburg und seiner Beziehung zur dortigen Firma Shoyeido, wo mit

Dufthölzern, Räucherstäbchen und ähnlichen Artikeln gehandelt wird. Nicht nur durften wir Laden- und Lagerräume besichtigen, sondern vor allem waren wir geladene Gäste zu einer Ko-Do, „Weg des Duftes“ genannten Zeremonie, zu der sich ähnlich der Teezeremonie einige Leute in Stille und Andacht im Tatami-Raum versammeln. Die verantwortliche Meisterin der Düfte, gekleidet in einen wunderschönen traditionellen Kimono, läßt nun jeweils ein besonderes und mit glühender Kohle sorgfältig entzündetes Duftholz in die Runde der Teilnehmer gehen. Diese müssen das Duftgeschirr nach einem bestimmten Ritual aufnehmen, riechen, umdrehen und weiterreichen.

Der Sinn der ganzen Zeremonie ist neben und in Konzentration und Stille der Versuch, den jeweiligen Duftstoff zu erkennen und dies auf einem kleinen Papier – natürlich schweigend – zu notieren. Zum Ende der Sitzung wird dann festgestellt, wer die meisten „Richtigen“ hat und eine Prämie bekommt. Dabei hatten wir „Fremdlinge“ verständlicherweise wenig Chancen, aber es war schön und beeindruckend, an einem solchen Internum einer Duftzeremonie teilzunehmen, die von Sanjo-Nishi Kinosa, einem der ersten Meister dieses Kodo-Duftweges, ganz Zen-gemäß so benannt wurde. Diesen Weg zu gehen heißt „den Duft zu hören“, wie er sagt. Es handelt sich um einem ästhetisch-spirituellen Weg, an dessen Anfang das Kennenlernen der Düfte steht. Nach der ursprünglich mehr religiösen Verwendung zur Huldigung Buddhas und zur Reinigung des Gemüts wurde seit 1960 auch der private Gebrauch verstärkt wiederbelebt, wie wir es miterleben durften.

Der nächste Tag führte uns in die andere alte Kaiserstadt Nara, wo wir wieder den Abt Seiko Kono im Daian-ji besuchen konnten. Seine Freundlichkeit für die Gäste aus Deutschland war nach wie vor ungebrochen, wobei die Anwesenheit von Tochter und Schwiegersohn durch deren Kenntnis der deutschen Sprache eine zusätzliche Erleichterung und Bereicherung darstellte. Dank dieser nun auch in Deutsch ausgedrückten Gastfreundschaft wurde der Besuch im Daian-ji selbst sowie in dem berühmten benachbarten

Horyu-ji unter der auch religiös fundierten Führung durch den Reverend-Schwiegersohn zu einem Erlebnis besonderer Art. Dazu gehörte dann später auch das schon fast traditionelle Tempura-Abendessen im feinen Restaurant, wenngleich Annette noch mit dem Mitleid zu kämpfen hatte für die wegen der Erfordernis der Frische lebendig zu bratenden Garnelen – die aber wie stets ganz besonders köstlich mundeten.

Der Abschied von dem seinerzeit immerhin schon 83jährigen Abt Seiko Kono in Nara verlief nicht ohne das ausdrückliche Kompliment an ihn für die Sammlung der Kalligraphien japanischer Priester der Gegenwart, die er nach einer anfänglichen Ausstellung im Frühjahr 1982 dem Museum für Ostasiatische Kunst der Stadt Köln vermacht hatte. Darüber informiert auch der schöne und künstlerisch eindrücklich gestaltete Katalog „Worte des Buddha" von Roger Goepper mit fünfzig Abbildungen von Tuschspuren der jeweiligen Meister. Besonders beeindrucken darin die Angaben zur Person, aus denen sich der japanischen Do- und Meister-Kultur gemäß ein durchschnittliches Alter von weit jenseits der siebzig Jahre und mehr ergab. Man hat als Zen-Mann und -Meister ganz einfach auch persönlich die Verpflichtung zu „Ju", dem langen Leben, das so oft als Zeichen für Gäste oder Freunde gewidmet und geschrieben wird.

Nach den Besuchen in Kyoto und Nara führte uns der Weg von Tokyo aus nach Kamakura zum großen Buddha und den dortigen berühmten Zen-Tempeln, zu denen auch der Kencho-ji zählt. Dort hatte der damalige Konsul am japanischen Generalkonsulat in Frankfurt, Akira Nishie, im Zuge seiner Ausbildung erste Berührung und bleibendes Interesse für Zen bekommen, wie er mir persönlich erzählte – als ein Beispiel für nach wie vor lebendiges Zen. Solchem begegneten wir bei unserem Sonntagsausflug dann auch im Enkaku-ji, der bei Westlern nicht zuletzt dadurch bekannt wurde, daß der wichtige Wegbereiter fernöstlicher Weisheit im Westen, Daisetz Teitaro Suzuki (1870-1966), hier die letzten Jahre seines langen Lebens verbrachte.

Was uns jedoch an jenem 2. Mai 1989 dort besonders faszinierte, war ein offensichtlich in vollem Gang befindliches sonntägliches Training im Kyudo oder Bogenschießen. Durch den bereits erwähnten Bericht Eugen Herrigels aus dem Jahre 1930 ebenso wie Karlfried Graf Dürckheims Erfahrungen bei Meister Kenran Umeji waren wir natürlich schon etwas vorbereitet, ebenso wie auch durch Berichte über den Hamburger Kyudoka Felix Hoff und seinen japanischen Lehrer und Meister Genshiro Inagaki mit dem 9. Dan Hanshi. Was aber dort besonders beeindruckte, war die fortgesetzte Übung einer ganzen Gruppe von Schülern des Bogen-Weges, die man in ihren traditionellen Gewändern und beim gesamten Ablauf des Schieß- und Übungsrituals beobachten konnte.

Unserem Interesse hatten wir offenbar auch in der gebotenen schweigsamen Ernsthaftigkeit so sehr Ausdruck gegeben, daß uns schließlich ein Verantwortlicher der Veranstaltung, Jatsuya Hisagi, mit einer Handbewegung hereinwinkte. In der gebührenden Stille und Achtsamkeit konnten wir nun in der Halle und aus nächster Nähe die zeremoniellen Abläufe der Übung beobachten, bis der Pfeil sich vom Bogen löste: „... wie Schnee, der vom Bambusblatt abrutscht, so fällt der Schuß vom Schützen ab, noch ehe er es gedacht hat." Oder, wie auch gesagt wird: Mit dem oberen Ende des Bogens durchstößt der Schütze den Himmel, während am unteren Ende – mit einem Seidenfaden befestigt – die Erde hängt. Wird der Schuß nicht geschmeidig genug gelöst, so besteht die Gefahr, daß im Ruck der Faden reißt und der Schütze Himmel und Erde verliert. Schütze und Scheibe, Bogen und Pfeil müssen erkennbar und untrennbar eins werden, Teil einer einzigen Wirklichkeit, die sich jenseits der beherrschten Technik manifestiert im makellosen, meditativen Ablauf jener kunstlosen Kunst, die aus dem Einen kommt und in das Eine zurückführt.

Absichtslosigkeit und meditative Versunkenheit bei gleichzeitig absolut gewärtiger Geist-Präsenz in gewaltloser Gespanntheit sind die existentielle Voraussetzung dafür, daß die Bogensehne mitten durch den Schützen hindurchgeht, und selbst dann:

Meisterschaft im Bogenschießen

„... Solange man noch Bogen und Pfeil braucht, ist man noch an der Außengrenze der Kunst. Wahre Bogen-Kunst befreit einen von Pfeil und Bogen. Das letzte im Schießen ist das Nicht-Schießen. Wenn Dein Bogen zerbrochen ist und Deine Pfeile verschossen sind, dann schieße mit Deinem ganzen Selbst ...„

Solche Meisterschaft findet dann ihren sichtbaren Ausdruck auch im Bild oder Abbild der Meister, wie beispielsweise Koun Suhara vom Engaku-ji, der selbst im Foto mit Pfeil und Bogen eins geworden scheint – worum die Schüler noch ringen, denen wir zuschauen dürfen. Ähnliches gilt auch von der gewordenen und gelebten Bildhaftigkeit des Bogen-Meisters des kaiserlichen Hofes von Japan, Shibata Kanjuro Sensei XX, der seit 1987 gelegentlich zu Übung und Lehre nach Europa kommt. Von ihm stammt die Tuschspur „Nasake“ (compassion), die mir mein Zen-Freund Peter Meinig aus Marburg geschenkt hat. Später gab mir Meister Shibata selbst im Gespräch noch eine ergänzende Erläuterung zu „Nasake – wa hito-no tama narazu“, was wohl soviel bedeutet wie für den anderen da sein, aber nicht nur für ihn, denn im vollkommenen Nicht-Sein wirkt die gute Tat auf sich selbst zurück – wie auch Toshio Asada in der Übersetzung bestätigt.

Zum Abschluß des Besuches in Engaku-ji und bei der Bogenübung führt uns Jatsuya Hisagi, der neu gewonnene Zen-Freund, noch durch private Teile des Tempels, die sonst nicht zur Besichtigung offen sind. Dabei besuchen wir auch die Zendo mit den klassischen runden Kissen auf den Tatami, die sicher Platz für dreißig bis vierzig Übende bietet. Während man beim Bogenschießen noch gelegentliches Kleiderrascheln oder den Ton der gegen den Bogen schlagenden Sehnen beim Abschuß hörte, ist hier vollkommene Stille – verstärkt durch die Vogelstimmen, die durch das offene Fenster hereindringen. Schon auf dem Weg hierher hatten wir den Schildkröten im Brunnen zugeschaut – auch sie Stille gewordene Bewegung.

Im Nebenraum der Zendo werden wir noch mit dem obligaten Besucher-Tee bewirtet, auch wenn wir hier kein Gastgeschenk vorweisen können. Aber als solches gilt wohl schon unser kundiges und Zen-gemäßes Interesse sowie die entsprechende Haltung, die uns offenkundig von anderen Besuchern unterschied und die kleine Privatführung zur Folge hatte. So bleibt uns schließlich nur der klassische Dank mit Verbeugung und „Gassho“, und wir sind glücklich über das Zusatzerlebnis am Rande eines ganz touristisch begonnenen Sonntagsbesuchs im Engaku-ji, wo wir noch vielen anderen Menschen ohne zusätzliche Zen-Weihung begegneten.

Zurück in Tokyo, hatten wir noch einige Begegnungen „zwischen Yen und Zen“, wie etwa bei der Familie des langjährigen Freundes Keikow Fujimoto, der uns auch schon in Deutschland besucht hatte. Die Verabredung zum Mittagessen im Privathaus war eine persönliche Besonderheit, wobei die westlich orientierte Hausfrau trotz aller Anstrengung in der Küche zum Glück auch mit am Tisch essen konnte – wie auch der Sohn. Unsere Mitbringsel aus Glas und Wein vom Rhein wurden sehr geschätzt und zum Teil gleich ausprobiert!

Zu unserer allgemeinen Überraschung wurde noch kurz vor dem Essen an der Haustür geläutet, obwohl wir nur im Kreis beider Familien essen sollten. Bei der Prüfung durch den Hausherrn stellte sich heraus, daß der Taxifahrer noch einmal zurückgekommen war, der uns hergebracht hatte. Nun hatten wir zuvor nichts in seinem Wagen vergessen, doch er erklärte Fujimoto-san, daß er uns versehentlich einen Geldschein zu wenig herausgegeben habe, der – da ziemlich neu – an einem anderen hängengeblieben sei. Es handelte sich wohl um den Gegenwert von etwa zehn DM – und er hatte sicher durch die zusätzliche Fahrt erheblich mehr Kosten gehabt. Wie er aber dem Gastgeber und der dann uns erklärte, wollte er doch keinesfalls bei den Fremden einen schlechten oder betrügerischen Eindruck als japanischer Taxifahrer machen! Wahrscheinlich hätten wir selbst den Irrtum gar nicht bemerkt, aber diese Geste „zwischen Yen und Zen“ war doch sehr eindrücklich und positiv.

Keikow Fujimoto entließ ihn denn auch nicht, ohne seine wortreiche Erklärung anzuhören – und nicht, ohne ihn für den Rückweg mit einigen von den feinen Keksen zu versehen, die zu unserem Nachtisch vorgesehen waren. Dadurch gewann die ganze kleine Geschichte noch zusätzlich an Eindrücklichkeit und gab Anlaß zum interkulturellen deutsch-japanischen Dialog. Dabei lagen wir wohl gemeinsam richtig in der Annahme, daß vergleichsweise ein Taxifahrer in Frankfurt kaum aus solch (nichtigem) Grund eine so lange Zusatzfahrt auf sich genommen hätte.

Nach dem schönen und familiären ausgedehnten Sonntagsmittagstisch ließ es sich Herr Fujimoto natürlich nicht nehmen, uns mit seinem Wagen zu unserem Hotel in die Stadt zurückzubringen, was den japanischen Analphabeten nur sehr recht sein konnte. Einige der wenigen Zeichen, die wir bald zu erkennen lernten, waren die für Eingang und Ausgang – wichtig bei Parks, Tempelanlagen oder auch Bahnstationen. So konnten wir bald selbständig die Züge der Yamanote-Linie benutzen, um damit beispielsweise zur Nippori-Station zu fahren, von wo aus man zu Fuß das Haus der Familie Nagaya mit dem Takuboku-Dojo erreicht.

Schon dieser kurze Weg dorthin durch den Friedhof und vorbei an einem kleinen Tempel ist immer wieder angenehm und beruhigend, womit man fast von selbst in Zen-gemäße Stimmung kommt. Dazu bot die Zeit der Kirschblüte zusätzliche Freude und erinnerte an eine Art Haiku aus ähnlichem Anlaß:

„Schneegestöber in der Frühlings-Sonne?
Kirschblüten-Blätter im Wind!“

Zusammen mit seiner Frau empfing uns der mittlerweile 94-jährige alte Freund und Meister, und wir sprachen beim Tee mehr über Deutschland und Japan und die jeweiligen Familien und Freunde als über Zen, das natürlich dennoch präsent blieb. So zeigten wir meiner Frau den Übungsraum des Takuboku-Dojo, und nicht ohne Stolz führte uns der Lehrer dann in den neu ausgebauten ersten Stock des Hauses. Auch wenn alles im typisch japanischen Stil blieb mit Tatami, Holz und Schiebetüren mit Reispapier, so war es doch sehr viel geräumiger und etwas moderner geworden. Vergeblich versuchte ich Annette zu zeigen, wie ich seinerzeit in dem acht Tatami großen Dokusan-Zimmer geschlafen hatte, mit dem 1 1/2 Tatami großen Toiletten-Waschraum. Die Atmosphäre über dem Friedhof blieb dennoch wie früher, selbst wenn alles noch etwas neu roch, und auch der Austausch von Gespräch, Gedanken und Schweigen war wie früher in Japan oder Deutschland. Wie es den Zen-Freunden dort gehe, wollte der Meister wissen, auch wenn er nun selbst nicht mehr reisen könne. Aber grüßen müßten wir sie unbedingt alle von ihm – was ich dann bei der 20-Jahr-Feier des „Frankfurter Rings" ganz akut und aktuell gleich nach unserer Rückkehr tun konnte. Bewegend war der Abschied von den beiden alten Menschen in ihrer fortgesetzt gelebten Güte, und er hatte trotz des Wissens um den todlosen Tod etwas Endgültiges, auch wo kein Ende ist.

Irgendwie hatte ich später immer noch die Idee, Professor Nagaya zu seinem 100. Geburtstag in Japan erneut zu besuchen. Durch seinen Eingang in die Verwandlung im Juni 1993, kurz vor Vollendung seines 98. Geburtstages, konnte es dazu dann nicht mehr kommen. „Shin-Nin", ein echter, wahrer Mensch, mit einem seiner eigenen Tuschzeichen gesprochen oder geschrieben, war mit Nagaya Tetsuo, dem alten Weisen, von uns gegangen.

Noch aber waren wir in Tokyo mitten im Leben und nicht vom Tod umfangen, sondern unterwegs zu mancherlei weiteren Begegnungen und Gesprächen. Dazu gehörte eine Wiederbegegnung mit der so außerordentlich hilfsbereiten schweizerischen Japanerin Suzanne Steiner, die wohl mittlerweile ihren Lebensmittelpunkt ganz in Nippon behalten hatte. Sie begleitete uns zu weniger bekannten Parks und Schreinen, wo wir gemeinsam unsere Räucherstäbchen entzündeten, durch das Tokyo der großen Geschäfte und Kaufhäuser wie Mitsukoshi, sowie insbesondere zu einem sehr originellen Abendessen. An einer entsprechenden Eßbar wurden verschiedene Fleischspießchen gebraten, von denen man mit den passenden Saucen essen durfte, so viel man wollte und bis man nicht mehr konnte.

Dazu gehörte auch ein Wiedersehen mit Ko Yamamoto, dem Design-Künstler und Freund von Werner Utter, dem früheren Lufthansa-Vorstand, von dem wir Yamamoto seine „Capt. Utters Kiwi-Pralinen“ mitbrachten. Darüber war er mindestens genauso begeistert wie von dem Montblanc-Kugelschreiber, den ich ihm einschlägiger Empfehlung folgend mitgebracht hatte. Neben mancherlei Unterstützung und Hilfe verdanke ich ihm auch den Hinweis auf die japanische Klangassoziation zu meinem Namen „Zürn“ durch „Tsurun-san“, wie er mich nannte. Tsuru ist im Japanischen der Kranich, der als Glücksvogel oder -zeichen gilt, wie wir vielerorts auf Kimonos oder anderen Bildern feststellen konnten. Gern habe ich diese Klang-Gleichheit akzeptiert und bei mancher persönlicher Vorstellung noch zur Freude japanischer Gesprächspartner ausprobiert.

Von Yamamoto-san hörte ich auch später von einer rührenden Wiederbegegnung mit Professor Masao Abe im Rahmen eines Klassentreffens an der Schule in Kyoto, wo er Englisch unterrichtet hatte. So trafen sich im Juni 1991 nach mehr als vierzig Jahren nicht weniger als siebzehn frühere Schüler mit dem verehrten Lehrer in Kyoto, darunter auch Yamamoto. Dieser freute sich besonders, dabei von Professor Abe neueste Nachrichten von der Familie Zürn aus Deutschland zu erhalten, wo Familie Abe kurz vorher zu Besuch gewesen war: Koinzidenz der Begegnungen unserer japanischen Freunde! Vielleicht resultiert ja auch von jenem Kranich-Gleichklang die besonders freundschaftliche Verbindung zur Fluglinie mit dem Kranich, der Lufthansa, die uns vielfach sehr positiv unterstützte.

Dies gilt insbesondere für den damaligen Stationsmanager in Osaka, Helge Stavenhagen und seine Frau Mary, die verwandtschaftlich in direkter Linie aus dem früheren chinesischen Kaiserhaus stammt. Neben vielerlei Unterstützung durch sein Büro ergab sich dort die überraschende Begegnung auch mit einer jünge-

Peter und Annette Zürn mit Daniel Beck, Herbert Elbrecht und Professor Masao Abe

ren Angestellten, die sich für Zen interessierte und von meinem Treffen mit Hirata Roshi nicht ohne Bewunderung hörte: hatte sie doch sein Buch über Zen gelesen.

Eine ganz besondere Freude und Auszeichnung war schließlich die Einladung zu einer Abendparty im Hause Stavenhagen, zu der die Hausfrau selbst zahlreiche japanische und vor allem chinesische Köstlichkeiten zubereitet hatte. Zu den Gästen gehörte auch Ted Suzuki, ein Freund von Hirata Roshi und Bier-Manager. Dieser sorgte wenig später für eine ungewöhnliche Einladung an den Abt und Professor Hirata, nämlich beim Bierkonvent in Weihenstephan einen Vortrag zu halten, in dem sich wiederum Yen und Zen durchdrangen. Eine Besonderheit der Party in Osaka war, daß sie allgemeinem Brauch folgend pünktlich um elf Uhr zu Ende ging, so daß jeder noch die jeweilige letzte Bahn erreichen konnte: fast Zen-gemäß geübte Disziplin!

Die gewohnte Disziplin der Kranich-Linie begleitete dann auch wieder unsere Rückreise von Osaka nach Frankfurt. Im Gegensatz zur Anreise per Direktflug über Sibirien galt es nun noch einmal, quer durch Raum und Zeit zu fliegen über Alaska, mit Zwischenaufenthalt in Anchorage. Dank Lufthansa-Service war jedoch auch dieser Flug problemlos und ich erinnere mich noch an das erstaunte Gesicht der sympathischen Stewardeß mit der Frage, ob ich nicht Pfarrer sei? Mag es auch nur das schwarze Hemd gewesen sein, das sie zu dieser Frage veranlaßte – ein wenig fühlte ich mich wohl auch noch in der Religiosität und Ruhe des Zen und seiner Tempel, die ich wieder hatte besuchen dürfen und die wohl in mir nachwirkten: So wie es Annette früher immer nach meinen Sesshin-Besuchen bemerkt und nunmehr selbst vor Ort miterlebt hatte.

KAPITEL 7

Aus der eigenen Werk- und Wirkstatt mit Begegnissen hierzulande aus jüngerer Zeit

Abgesehen von den gemeinsamen Übungen unter Leitung eines Lehrers oder Meisters, wie oben dargestellt, blieb es nicht aus, daß ich gelegentlich selbst um Rat, Vortrag oder Anleitung bzw. Einführung in die Übung des Zen gefragt wurde. Erster Anlaß dazu war wohl das Buch „Japan zwischen Yen und Zen", worüber schon berichtet wurde. Darüber zu sprechen wurde ich des öfteren gebeten, etwa bei diversen Veranstaltungen der Wirtschafts-Junioren bei verschiedenen Industrie- und Handelskammern wie Frankfurt, Darmstadt, Friedberg, Stuttgart, Osnabrück und Pforzheim. Letztere hatten im November 1986 nicht nur die schöne Idee, meinen Vortrag mit einem echt japanischen Sushi- und Sake-Empfang zu verbinden, sondern auch mit einer authentischen Jaido-Demonstration des japanischen Meisters Hiroshi Kozaki (5. Dan) aus Stuttgart, der sehr eindrücklich diesen Schwert-Weg vorführte. In der Wortlosigkeit seiner gezeigten Übung war sicher mehr vom Zen-Geist zu spüren als in meinem anschließenden Vortrag mit Frage und Ant-Wort, den ich meinem unvollkommenen Wissen und erst 15jähriger Übungspraxis gemäß mit noch vielen persönlichen Fraglichkeiten und Fragezeichen hielt.

So aber geht und ergeht es einem natürlich immer wieder „auf dem Weg", der erst mit der Zeit und im Gehen vertraut wird. Deshalb war auch ich in den Anfängen noch stark von meinem Manuskript abhängig, bis ich mich durch fortschreitende Übung davon mehr und mehr unabhängig machen konnte. Hilfreich dafür waren Vortrag und Gespräch mehrfach bei der Deutsch-Japanischen Gesellschaft in Frankfurt und an anderen Orten sowie die wiederholte Gelegenheit beim vertrauten „Frankfurter Ring", wo ich auch im Meditationsraum ein Tages-Sesshin für Zen-Interessierte abhalten durfte. Dies wiederholte sich im Museum „Villa Rot“ bei Biberach, wo die Übung sehr schön durch das Spiel einer Shakuhachi-Flöte unterstützt wurde. Brita Dahlberg vom „Frankfurter Ring“ empfahl mich einer Lehrerin des Carl-Schurz-Gymnasiums in Frankfurt: Felicitas Vieson. Diese wollte gerne ihrer Abiturklasse im Ethikunterricht den Buddhismus einmal in praktischer Form zeigen und fragte mich, ob ich nicht zu einer Zen-Übung und Gespräch mit den Schülerinnen und Schülern der Abiturklasse bereit wäre – was ich gerne und sogar mit einigen Wiederholungen tat. Ich packte also mein Zen-Sitzkissen samt Unterlage und sonstigen Utensilien (Glöckchen, Räucherstäbchen und Kyosaku) wieder einmal in die Reisetasche und begab mich auf den Weg nach Frankfurt, wo auch die Direktorin der Schule diesen neuen Ethikansatz für gut befand. Ein überraschtes Gesicht machte allerdings der Kollege für Geschichte und Mathematik, den wir auf dem Weg trafen: Er hatte sich den „Guru“ von Felicitas Vieson nicht als ganz normalen Menschen und Manager im dunkelblauen Blazer vorgestellt, der dann erst im Zen-Sitz mit gekreuzten Beinen den Schülern seine Einführung gab. Eine solche direkte Kommunikation mit jüngeren Menschen erschien mir – auch nach der Erfahrung mit den Wirtschafts-Junioren – besonders wertvoll, und es sollte sich herausstellen, daß dies von den Schülern ebenso gesehen wurde. Als nämlich Frau Vieson später bei der Abitursfeier fragte, was denn beim Ethikunterricht im letzten Schuljahr am meisten beeindruckt habe, wurde ihr in unerwarteter Einmütigkeit die Antwort zuteil: die Veranstaltung mit dem Zen-Mann!

Dies vielleicht auch deshalb, weil ich ohne viel Theorie eine ganz konkrete Einführung in die Praxis der Übung des ZaZen mit dem festen Sitz am Boden gegeben hatte, was sich wohl von so mancher „ätherischen“ oder auch esoterischen sonstigen Unterrichtsstunde unterschied. Wie wurde doch der so außerordentlich liebenswürdigen und sympathischen Lehrerin Felicitas von ihren Abiturienten im Abschlußgedicht zu ihrem eigenen Unterricht bestätigt: „Mit beiden Beinen steht sie ganz fest in der Luft!“ Aber wenn man weiß und sich vor Augen hält, daß in dem auch in der Zen-Übung so wichtigen „Vorwärtsschreiten" immer ein Bein wirklich in der Luft steht, dann ergibt sich hier nur noch ein gradueller Unterschied, der auch von den Abiturienten für die geschätzte Lehrerin offenbar ganz so positiv gemeint war.

Eine weitere Gelegenheit zur gemeinsamen Übung und Zen-Einführung erhielt ich von dem Manager der deutschen BP Oil, Gilbert Lenssen, der seine Nachwuchsmanager gerne für einige Tage an einem stillen Ort, im Kloster oder Hotel, zusammenführte. Dort sollten sie nicht nur sich selbst und ihre jeweiligen Aufgabengebiete gruppendynamisch besser kennenlernen, wofür die positive Klausur-Atmosphäre günstige Voraussetzungen bot. In Vortrag und Diskussion sollten sie sich vielmehr mit Fragen jenseits ihrer beruflichen Verantwortung beschäftigen, wozu vor allem der Professor für Grundlagen der Verfahrenstechnik an der Technischen Universität Graz, Franz Moser (Jg. 1928), anregte, der sich langjährig mit den Grenzen der Naturwissenschaft beschäftigte, woraus die beiden Bücher entstanden über „Bewußtsein in Raum und Zeit" und „Bewußtsein in Beziehungen als Grundlagen einer holistischen Ethik".

Mein Part in Ergänzung dazu war es dann, morgens, mittags und abends vor dem Essen jeweils eine halbe Stunde ZaZen mit der Gruppe zu üben, wofür wir die richtigen Sitzkissen zur Verfügung gestellt bekamen und ich die entsprechende Einleitung gab. Darüber hinaus ergab sich im Wechselgespräch mit Professor Moser noch allerlei Gelegenheit auch zur verbalen Erläuterung von Zen in Geschichte und Gestalt. Ein außerordentlich interessantes Ergebnis dabei war die grundlegende Übereinstimmung der Lehre und Philosophie des Zen und anderer Religionen mit dem von Moser entwickelten ganzheitlichen Welt- und Menschenbild auf der Grundlage neuester Erkenntnisse der Wissenschaft, insbesondere der Quantenmechanik und der Theorie der Selbstorganisation.

Diese Beobachtung der existentiellen Gemeinsamkeit zwischen Wissen der Wissenschaft und Erkenntnis der Weisheitslehre war für uns Referenten wie für die Teilnehmer gleichermaßen positiv und beglückend. Erinnert wurde ich dabei an eine Erzählung meines in Frankfurt lebenden indischen Freundes Rajan Malaviya, der seinerzeit als Assistent von Professor Carl Friedrich von Weizsäcker in Starnberg an dessen Institut mitgearbeitet hatte. Malaviya war damals einmal mit seinem Chef unterwegs in Nordindien im einsamen Grenzgebiet zum Himalaya. Als sie dort einer einzelnen schmalen Rauchfahne gewahr wurden, näherten sie sich einer jener unbekannten Behausungen eines alten, weisen Eremiten, den sie zum Gespräch besuchen konnten.

Nach einigen Stunden der Unterhaltung verließen sie tief berührt den alten Mann mit langem weißen Haar und Bart, dessen Wissen sie sehr beeindruckt hatte. Nach der Aussage Malaviyas konnte der deutsche Professor das Gespräch nur unter Tränen zusammenfassen mit der Bemerkung: „Da studiere ich jahrzehntelang als Physiker und Philosoph zusätzlich alle Randgebiete der Wissenschaften, und dieser Eremit hat das ganze damit zusammenhängende Wissen einfach schon in seiner Intuition präsent" – was er nicht anders als überwältigt zur Kenntnis nehmen konnte.

Für Franz Moser und mich mit den Nachwuchsmanagern der BP war es nicht ganz so dramatisch, aber auch wir waren den Tränen nahe, als Gilbert Lenssen die Tagung mit einem intensiven Gebet seiner eigenen Worte und Wahrnehmung beschloß. Schon zuvor hatte ich ihn auf die im ZaZen-Sitz und der dazugehörigen Haltung an der einen oder anderen Stelle fast nicht korrigierbare Fehlhaltung aufmerksam machen können, die mir auffiel und die sich ganz einfach aus der nicht ganz korrekten Position von Körper und Händen ergab. Als Übungsleiter ist man gewohnt, auf solche Symptome zu achten, auch wenn die Übenden oftmals nie zuvor etwas von Zen gehört hatten und mir natürlich persönlich allesamt unbekannt waren. Lenssen aber lächelte bei meinem Hinweis und meinte dann, daß dieser oder jener auch in seiner Arbeit nur schwer korrigierbare Fehlhaltungen zeige! Insofern ist das in der Übung beobachtete ZaZen für den einzelnen jeweils auch ein untrüglicher Hinweis auf seine Problemsituation.

Daß persönliche Haltung auch im körperlichen Ausdruck eines Menschen etwas zu bedeuten hat, konnte ich an mir selbst beobachten – und könnte man vielleicht für entsprechende Beurteilungen noch verstärkt heranziehen. Schon vor meiner Heirat mit Annette im Jahr 1976 hatte sie mehrfach Gelegenheit, mich in Gang und Auftritt zu beobachten, ohne daß ich es wußte. Aber die Zeit der Übung mit Nagaya seit 1971 hatte offenbar bereits erste Spuren hinterlassen. Jedenfalls sagte sie später öfters, daß ihr schon damals meine sehr aufrechte Haltung aufgefallen sei, mit der ich mich auch deutlich von anderen meiner Umgebung abhob.

Ähnlich erging es dem späteren Freund und Sri-Aurobindo-Verehrer Eckhard Karnasch, der mich bei einer Geburtstagsfeier vor Jahren erstmals getroffen hatte und dem ebenso wie seiner Frau Theodora meine außerordentlich gerade Haltung bei Tisch aufgefallen war, die sich dann durch die Zen-Übung erklärte. Seinerseits auch ein Mann der Wirtschaft, sucht Eckhard Karnasch seit mehr als vierzig Jahren jährlich für einen Monat Ruhe und kontemplative Vertiefung im Sri-Aurobindo-Ashram in Pondicherry, der ebenso wie Auroville auch schon Pater Lassalle sehr beeindruckt hatte. Theodora Karnasch hat sich an die mehr als schwierige und langwierige Arbeit einer weiteren Übersetzung des Aurobindo-Epos von Savitri gemacht.

Auch in späteren Jahren der Leitung der Baden-Badener Unternehmergespräche (1987-1998) konnte es gelegentlich vorkommen, daß mich einer der (jeweils dreißig) Teilnehmer am Ende der dreiwöchigen Veranstaltung auf meine Haltung am Konferenztisch ansprach, die ich ihm dann mit der Zen-Übung erläutern konnte. Wichtig dazu ist vor allem die Kontinuität der praktizierten Übung des täglichen ZaZen: Zaike- oder „zu Hause"-Zen, wie man dazu in Japan sagt. „Jeden Tag ein Stäbchen" – hatte Nagaya gefordert, was etwa einer halben Stunde der persönlichen Übung entspricht: die Zeit des Abbrennens eines entsprechenden japanischen Räucherstäbchens. Im Gegensatz zu den meist stark parfümierten indischen „incense“ sind die japanischen Stäbchen nicht nur weniger geruchsintensiv, sondern sie bemessen auch in ihrem Abbrennen exakt die Zeit der dreißig Minuten einer Sitzperiode, ohne daß man dafür ständig auf die Zeiger der Uhr schielen müßte. Auch die Peacemaker-Bewegung im Gefolge von Bernhard Glassman mit Niklaus Brantschen und Pia Gyger fordert als Minimum eine tägliche persönliche Übung von mindestens einer halben Stunde ZaZen. Sich dafür einen Raum oder eine Sitzecke der Stille einzurichten, wird dann für jeden „Zaike-Zen“-Übenden ein Grundbedürfnis, für das er in seiner Wohnung entsprechend Raum einrichten muß. Mit dem bereits erwähnten Sitzkissen in der Reisetasche kann man – konnte ich – selbst bei erheblicher Reise-Beanspruchung den diesbezüglichen Raum stets mit mir führen. Bei konsequenter Praxis kann dies eine große Bereicherung und Erleichterung darstellen.

Noch besser als allein zu Hause zu üben ist es natürlich, gelegentlich in einer Gemeinschaft von Zen-Freunden zu „sitzen“. So war es für mich eine große Freude, als mich der Gründer und Ehrenpräsident des „Engadiner Kollegium“, Professor Dr. Balthasar Staehelin, im Herbst 1983 fragte, ob ich bei den folgenden jährlichen Veranstaltungen in St. Moritz einen Zen-Meditationskurs übernehmen könnte.

Meiner selbst und des Zen noch nicht so ganz sicher, sagte ich ihm, daß ich dazu erst meinen Lehrer Professor Nagaya fragen wolle. Der erklärte mir dann kurz und bündig: „Zusammen sitzen sehr gut – aber nicht zu viel sprechen – kein Zungenspitzen-Zen!“ Daran habe ich mich im Laufe der nächsten zwölf Jahre (1984-1996) beim „Engadiner Kollegium“ streng gehalten, wo auch Pater Niklaus Brantschen SJ und jetzt Go Un Ken bzw. Jinju Roshi früher schon einmal diesbezügliche Einführungen gegeben hatte.

Vorausgegangen waren freundschaftliche Auseinandersetzungen mit dem stark christlich-marianisch orientierten Gründungspräsidenten Staehelin, der aber auch mir als dem „Häretiker“ seines

Kollegiums stets in Toleranz und persönlicher Freundschaft die Treue hielt. Dazu hat er wohl bemerkt, daß mein Zen niemanden bekehren wollte, sondern ganz einfach zur persönlichen Disziplin und Lebenshaltung führen sollte – ähnlich seiner eigenen „psychosomatischen Basistherapie". Und immerhin hatte ich schon seit 1979 regelmäßig als Referent, Diskussionsleiter oder ganz einfach als Mitglied des „Engadiner Kollegium" an den herbstlichen Veranstaltungen in St. Moritz teilgenommen.

Durch die kontinuierliche gemeinsame Übung des ZaZen zur frühen Morgenstunde wurde die freundschaftliche und meditative Stimmung in den dortigen Gruppen noch vertieft und führte zu einer ganzen Reihe von guten persönlichen Beziehungen in Zen und Alltag. Einige der dortigen Übenden haben später in ihrem persönlichen Umfeld etwa in St. Gallen oder Liechtenstein eigene Zen-Übungsgemeinschaften gegründet. Vor allem aber war für mich selbst die wortarme Einführung und Anleitung den Worten meines Lehrers Nagaya gemäß eine immer wieder neue Herausforderung, der ich mich gerne stellte. Zuvor ließ ich im Laufe der Woche auch immer wieder Fragen und Anmerkungen zu – die sich manchmal tagsüber außerhalb der Übung fortsetzten. In der morgendlichen Übung mit 2 oder 3 mal 15-20 Minuten ZaZen wurde es jedoch vom zweiten Tag an meist richtig still. So konnte es auch geschehen, daß ich einmal eine Antwort auf eine Frage schuldig bleiben mußte, was zu der Zen-gemäßen Bemerkung des Fragenden führte: „Manchmal ist die Nicht-Antwort die beste Antwort" – wie wahr, und danke für diese wunderbare Einsicht und Belehrung! Immer wieder auch wurde ich mit dem Schluß-Koan meines eigenen Buches „Japan zwischen Yen und Zen" konfrontiert: „Was ist Zen? Ein potenziert-potentieller Weg. Was ist das? Eine Lawine – aufwärts!" – in der Bergwelt des Engadin eine mehr noch als sonstwo paradox (un-)verständliche Antwort!

In jüngster Zeit kam es auf Einladung von Adele Fischer und Achim Kunst, die ich schon bei dem Kongreß in Bremen 1994 kennengelernt hatte, zu einer sympathischen Wiederbegegnung in der „Gesellschaft für Selbstmotivation" in Isselbach. Nicht nur konnte Annette dort für ihre neuerliche Aktivität auf dem Gebiet des Autogenen Trainings von einer Diplomarbeit von Achim Kunst zu diesem Thema profitieren, sondern ich durfte dort auch an einem Sonntagvormittag im „Licht-Haus" eine Einführung in die Praxis der Zen-Meditiation geben, die im Stil der Übungen beim „Engadiner Kollegium" sehr körperintensiv stattfand – und ohne Zungenspitzen-Zen!

Einen besonderen Reiz gewann diese Veranstaltung für mich dadurch, daß meine Frau Annette erstmalig selbst an einer meiner Zen-Übungen teilnahm. Wahrscheinlich war sie durch ihren eigenen Weg der Praxis und Lehre des Autogenen Trainings (AT) in den letzten Jahren dieser Übung der Stille des Za-Zen gegenüber noch aufgeschlossener. Gibt es doch Stimmen, die das AT nach Dr. Schultz als eine Art Vorstufe der gegenstandslosen Meditation des ZaZen bezeichnen, womit wir uns nun auch in der geübten und gelebten Spiritualität des Weges noch ein Stück existentiell nähergekommen sind.

Der Möglichkeiten zur Begegnung auf dem gelebten Zen-Weg sind weiterhin unendlich viele – ob zu Hause bei uns oder bei anderen Gelegenheiten. So kam beispielsweise der Zen-Freund und Rumi-Übersetzer Daniel R. Beck[21] aus der Schweiz, mittlerweile japanisch verheiratet als Beck-Ohara, über das „Engadiner Kollegium" (1989) und Japan, wo er noch Nagaya besuchen konnte, 1990 zu uns nach Weiler, wo wir Professor Masao Abe zu Besuch hatten und mit beiden einen kleinen Ausflug zur Loreley unternahmen. Wichtiger aber als dieser Besuch in der Zeitlichkeit unserer Umgebung waren die Zen-Gespräche zur Zeit und Zeitlosigkeit – „from beginningless beginning to endless end", wie Masao Abe formulierte. Er stellte die buddhistische Sein-Zeit damit dem linearen Zeitbegriff des Christentums gegenüber, der sich von Jesu Geburt über Tod und Auferstehung bis hin zum Jüngsten Gericht in einer Zeitgeraden erstreckt. Auch in Mevlana Rumis „Divan-i Kabir", dem „Weg-Ort des Erwachens", werden seine Worte zu Orten der

Stille in einer bewegten Welt. Orte, wo die Uhrzeit des Werdens zur Urzeit des Seins, in die Lebenszeit umschlägt – Orte mündend in die Zeitlosigkeit und damit ganz ähnlich der Sein-Zeit im Zen nach Dogen.

Auch die Gespräche im Jahre 1991 mit Jeff Shore von FAS aus Japan und Herbert Elbrecht und Ronald Weber drehen sich wie immer um Zen in Japan, USA und Europa. Mit Ronald Weber verbindet mich dazu eine alte Freundschaft noch aus den Anfängen des „Frankfurter Ring". So besuchte er auch in den siebziger Jahren gemeinsame Freunde in den Pyrenäen in einem einsam gelegenen Waldhaus, wo er mit sich selbst ein Solo-Sesshsin abhielt. Auf die Wetterlage aufmerksam gemacht, die Schnee zu bringen drohte und auch tatsächlich in Massen brachte. meinte er nur: „Ich kann doch nicht des Wetters wegen mein Sesshin abbrechen!" – sprach's, saß weiter und nahm die nicht unerheblichen Schwierigkeiten des späteren Verkehrs, der völlig zusammenbrach, gelassen auf sich. Ein anderes Phänomen hatte ihn dort auch aufmerksam und betroffen gemacht: daß nämlich eine kleine Buddha-Statue auf einem flachen Steintisch mehrfach fast unmerklich die Richtung zu ihm und seinem Sitzen hin veränderte. Da sich dies wiederholte, obwohl er die Statuette in ihre Ausgangsposition zurückgestellt zu haben glaubte, blieb schließlich nur der Eindruck von der Kraft des fast gewaltsam geübten ZaZen im Solo-Sesshin in der Waldhütte, dem sich auch die bewegliche Einrichtung nicht hatte entziehen können.

Früher einmal hatte Ronald Weber den Freunden aus den Pyrenäen seine Stadtwohnung am Germaniaplatz in Frankfurt zur Verfügung gestellt. Dort widmete sich Schiva Luetjohann dem „Geistestraining durch Achtsamkeit" (nach dem gleichnamigen Buchtitel von Nyanaponika[22]) im Anschluß an ein Nagaya-Sesshin im Taunus, von wo sie eine Kalligraphie mitgebracht und in der Mini-Zendo von Ronalds Wohnung aufgehängt hatte. Daß diese sich nur schwer mit der darunter aufgestellten brennenden Kerze vertragen wollte, entging ihrer durch ein längeres Telefongespräch abgelenkten Aufmerksamkeit, die erst durch eine unübersehbare Stichflamme schlagartig wieder hergestellt wurde. Problemlos rasch gelöscht, blieb von dem Tuschbild nur die Asche.

Zum Ausgleich brachte mir Schiva bei ihrem nächsten Besuch ein Bodhidharma-Bild auf einem Fächer mit der japanischen Aufforderung: „Entscheide – jetzt!“ wobei ihr die Entscheidung zur Achtsamkeit durch dieses Erlebnis offenbar künftighin leichter wurde – und mich der Bodhidharma in seiner sympathisch-grimmigen Art beim täglichen ZaZen beobachtet.

Bodhidharma, der erste Patriarch des Zen

Bliebe noch nachzutragen, daß ich Nyanaponika Mahathera bei einem Ausflug nach Ceylon schon im Dezember 1973 noch persönlich in seiner Island Hermitage im Wald bei Kandy hatte besuchen können. Seiner Verehrung für den großen Einsiedler gab mein Taxifahrer gebührend Ausdruck, indem er ihm bei unserer Ankunft blitzschnell die Füße küßte und dann geduldig auf mich bis zur Rückfahrt wartete.

Das Gespräch mit dem aus Deutschland stammenden Theravada-Bhikkhu verlief zum Thema Zen ein wenig zögernd, da er sich eindeutig zum Hinayana-Buddhismus bekannte und mit der Mahayana-Richtung nicht viel im Sinn hatte. Als das Gespräch über den Umweg von Graf Dürckheim und die Tiefenpsychologie dann zu Erich Fromm kam, lebte er sichtbar auf und suchte mit der Taschenlampe in der hereingebrochenen Dämmerung des Hauses eine Unterlage über sein letztes Treffen mit dem von ihm sehr geschätzten Erich Fromm im Tessin bei einem gemeinsamen Gönner. Nachdem die Unterhaltung damit doch noch einen beiderseits befriedigenden Inhalt gewonnen hatte, verabschiedete ich mich in die Dunkelheit, und der Fahrer brachte mich gut zurück nach Kandy – nicht ohne vorher seine Beinkleidung gerafft zu haben, um auf dem Weg zum Auto den vielen Blutegeln aus dem Schlamm des Weges zu entgehen, was ich ihm dann entsprechend nachmachte.

Wie schon gesagt: Immer und immer wieder spielt Zen ganz konkret in mein Leben hinein, oder besser gesagt: „Alles Leben ist Zen“, wie der verehrte Lehrer Nagaya formuliert hat. Wenn ich deshalb diese persönlichen Erfahrungen und Erlebnisse auf dem WEG auch ganz subjektiv-persönlich beschreibe, mögen all' jene mir verzeihen, denen ich vielleicht auch Zen-gemäß begegnet bin, ohne sie hier zu erwähnen.

Eine ganz konkrete Begegnung ergab sich noch im Herbst 1997 mit Wolf Hannes Kalden, einem Studenten am Japan-Zentrum der Philipps-Universität Marburg. Als freier Mitarbeiter des Japanischen Generalkonsulats in Frankfurt war es seine Aufgabe, für

Generalkonsul Fujita eine Rede vorzubereiten zur Eröffnung der Ausstellung am 8. Oktober 1997: „Zen kam auf einem Schilfblatt – die Spuren des Daruma im heutigen Japan", wozu ich ihm helfen durfte. Vom japanischen „Daruma" oder indischen „Bodhidharma" und seiner Übung in der Höhle in China war weiter oben schon die Rede. In Japan sind die beinlosen Daruma-Puppen heutzutage vor allem Glücksbringer. Dafür wird beim Beginn eines Vorhabens, etwa in Politik oder Wirtschaft oder vor einer Prüfung, ein Auge der Gestalt ausgemalt. Das zweite Auge wird dann nach dem Erfolg oder Gelingen, etwa einer gewonnenen Wahl zum Beispiel durch einen Politiker öffentlich zum Dank ausgemalt. Weshalb die Figuren wie Stehaufpuppen keine Beine haben, hängt natürlich mit der Sage von den neun Jahren der Meditation in der Höhle zusammen, wo die Beine langsam abschrumpften. Dazu wird auch erzählt, wie Bodhidharma eines Tages über sein Einnicken im Sitzen so wütend war, daß er sich die Augenlider abschnitt – und wo sie zu Boden fielen, da wuchs der erste Teestrauch, womit es die Mönche heute leichter haben, wach zu bleiben!

In seinem Vortrag erwähnt der Generalkonsul auch die Zahl der Zen-Zentren in der Bundesrepublik Deutschland, die sich von 1975 bis 1991 von 15 auf 51 erhöht hat – und wovon in diesem Buch nur ein verschwindend geringer Teil aus der persönlichen Anschauung beschrieben werden konnte. Ob Zen die oft beschworene Brückenfunktion zwischen Ost und West haben kann, möge dahingestellt bleiben. Sicher aber ist – mit einer Erklärung von Reginald Blyth (1978), die er zitiert:

„Zen zieht uns an, da es uns endlich einen Glauben gibt, den wir nicht glauben müssen. Keine Dogmen, keine Mythologie, keine Kirche, kein Pfarrer, keine heilige Schrift – welch ein Aufatmen."

Und in der Tat: Der flüchtige Atem ist das einzige, woran wir uns in der Zen-Übung festhalten dürfen – ohne jedes Gedankengebäude, ohne Dogma oder Ideologie. „Atmen, das ist schon eine Freude!" – so hatte Kitaro Nishida ausgerufen im Anblick der schieren Unmöglichkeit seiner miserablen Situation.

Yoshiko Oshima

Es war wohl im Jahre 1976, daß ich Frau Yoshiko Oshima zum ersten Mal persönlich begegnete, und zwar am Flughafen von Frankfurt/Main, wo wir gemeinsam auf Seki Yuho Roshi warteten, der mit zwei seiner Mönche der Einladung von Karlfried Graf Dürckheim zu Übung und Aufenthalt in Rütte folgte. Wie schwierig das dort insbesondere für die nur japanisch sprechenden Zen-Mönche gewesen sein mag, wurde weiter oben schon beschrieben. Aber schließlich ist die Sprache des Zen das Schweigen, und darin auch in die Übung des ZaZen durch vorgelebte, vorgesessene Anleitung einzuweisen, vermochten die Mönche schließlich ohne Worte.

Für die des heimatlichen Japanischen ebenso wie des intensiv studierten Deutsch mächtige Y. Oshima war dies etwas anderes; denn sie hatte schon in Nara und Kyoto die Philosophie Heideggers studiert und war 1973 nach Freiburg gekommen, um unter anderem bei ihm zu promovieren mit einer Doktorarbeit über „Die ontologische Differenz und das Nichts bei Heidegger". Zur akademischen Promotion konnte es nur langsam vorankommen, doch hatte sie noch zuvor schon in Japan ein prägendes Erleuchtungserlebnis gehabt anläßlich eines strengen Sesshin unter der Leitung von So-en Nakagawa Roshi im Ryutakuji-Kloster, das von dem großen Meister und Wiederbegründer des Rinzai-Zen in Japan, Hakuin, gegründet worden war.

Über die Umstände dieser Erfahrung ebenso wie die Anerkennung durch So-en Nakagawa, der auch als ein großer Haiku-Dichter im neueren Japan in der Tradition von Basho galt, hat Y. Oshima selbst ausführlich und eindrücklich berichtet in ihrem ersten Buch: „Zen – anders denken? Zugleich ein Versuch über Zen und Heidegger". Enstanden war diese Schrift aus einem Vortrag, der im Juni 1983 an der Universität Freiburg/Breisgau gehalten wurde, wo die Philosophin und Zen-Lehrerin nach wie vor lebt und an der Universität Freiburg weiter Heidegger studiert.

Außer der kontinuierlichen Übung des ZaZen hatte sie sich in Japan auch in der bereits beschriebenen Kunst des Bogenschießens geübt bei Masaji Nakanishi und dessen Meister Satoshi Sagino, der seinerzeit auch schon als jüngerer Vertreter seines Meisters Kenran Umeji Graf Dürckheim gelehrt hatte.

Mit dem Tod des damals 76jährigen So-en Nakagawa im März 1984 rundet sich für Frau Oshima auf traurige Weise ihre persönliche Erfahrung, wie sie auch in dem ersten Versuch über Zen und Heidegger beschrieben ist. Obwohl sie in den Jahren 1979-1982 mit seinem Nachfolger, Meister Soshu Suzuki (1921-1990), in Deutschland und Österreich zusammenarbeitete, fand auch die Beschäftigung mit Heidegger und Zen weiteren Ausdruck in Vorträgen: „Ein erhobener Finger – mit Heidegger unterwegs zum Zen", zunächst an der Universität Freiburg im Januar 1985 („Leiblichkeit in Asien und Europa") sowie später in Bonn, Heidelberg (1986), Tübingen (1987), Freiburg (1988) und Baden-Baden (1989). Danach entstand 1990 der Aufsatz „Nähe und Ferne – Heideggers Begegnis mit Basho" für die Deutsche Haiku-Gesellschaft und eine zweite Fassung für den Vortrag im Juni 1991 zum „Deutsch-Japanischen Symposium zur Haiku- und Renku-Dichtung" in Köln, bis schließlich 1995 die endgültige Version entstand. Beide Vorträge bilden den Inhalt des zweiten Buches von Yoshiko Oshima, 1998 veröffentlicht unter dem Titel: „Nähe und Ferne – mit Heidegger unterwegs zum Zen".

Vorausgegangen war 1989 anläßlich des 100. Geburtstags Heideggers ein erstes Seminar „Heidegger – Sein und Zeit" und 1997 die Gründung der Zen-Akademie Freiburg, deren Anliegen neben dem Studium des Verhältnisses zwischen japanischer und deutscher Philosophie vor allem die Meditationspraxis des Rinzai-Zen ist.

Daneben findet jeweils an fünf Samstagen eines Semesters das Seminar statt, im Sommersemester 1998 unter dem Titel: „Anders denken? mit Heideggers Sein und Zeit". Als Gast hatte ich freundlicherweise die Chance, gelegentlich an Sitzungen dieses Seminars teilzunehmen, wozu ich als Zen-Mann wesentlich günstigere Voraussetzungen hatte denn als Philosoph, der mit dem Denken und Geschriebenen von Heideggers Text nicht unerhebliche Schwierigkeiten eingestehen muß.

Heidegger selbst sagt einmal: „Die Sprache ist nichts, was der Mensch hat, sondern umgekehrt jenes, was den Menschen hat, was der Mensch ist: wir sind ein Gespräch."

„Die Sprache hat selbst diesen Seinscharakter, den sie dem Menschen eröffnet und zubringt. In der Sprache als solcher geschieht also erst die Auseinandersetzung des Seins und Nicht- Seins" – schreibt Yoshiko Oshima. Und weiter: „Um das Phänomen Zen beschreibend darzustellen, kann gerade für europäische Leser die Methode und Methodologie Martin Heideggers hilfreich sein. Dabei gilt es, seinen verborgenen Denkansatz, das heißt die wesentliche Rolle seines Hauptwerkes ‚Sein und Zeit' (1927) und dessen Gliederung für alle seine übrigen Werke zu verstehen. Das aber bedeutet zu verstehen, was Heidegger sagen wollte, aber nicht sagen konnte. Darin und nur darin ist viel Sinn."

Mit diesen Hinweisen im denkerischen Gepäck unterwegs zur Sprache des Nicht-Denkens fällt es mir ein wenig leichter, den Ausführungen der deutsch-japanischen Zen-Frau und Philosophin in ihrem so sympathisch gestalteten Seminar zu folgen, in denen sie unter anderem „Sein und Zeit" als das deutschsprachige Zen-Buch charakterisiert. Zwar kann ich dabei nicht umhin, an mancherlei kritische Hinweise aus Japan zu denken, wo mir ein bewußt (oder unbewußt?) unverständlicher Text als „Zen-Mondo" benannt worden war. Aber nachdem mir Frau Oshima dazu ihr persönliches Arbeitsexemplar von „Sein und Zeit" zur Verfügung stellte, wurde mir besser klar, was gerade dieses Buch seit mehr als dreißig Jahren für sie bedeutet: Nicht nur, daß es völlig „zerlesen" fast aus der ursprünglichen Bindung fiel und an sehr vielen Orten zusätzliche Anmerkungszettel enthielt, war es vielfach im Originaltext fast nicht mehr erkennbar vor lauter Färbungen, Unterstreichungen und Anmerkungen in deutsch, englisch und japanisch. Nie zuvor hatte ich ein solches „Arbeitsexemplar" eines Buches je gesehen – womit mir klar und unmißverständlich deutlich zu erkennen war und wurde, was dieses Buch für sie bedeuten konnte, mußte, sollte.

Anleihe dafür und zu einem diesbezüglichen un(miß)verständlichen Verständnis von Heidegger gibt uns Oshima bei aller gedanklichen Durch-studiert-heit selbst in ihrem ersten Buch[23]: „Wie wäre es zum Beispiel, wenn man das ‚und' von ‚Sein und Zeit' abschneiden würde, so wie der Zen-Meister im 13. Jahrhundert, der Denker (des Undenkbaren) Dogen, den 20. Band von Shobogenzo nur mit dem Titel ‚Sein-Zeit' versehen hat, dann würde das ganze Werk Heideggers in einem Augenblick zertrümmert. Denn alle Gedankengebäude und alle Gedankensysteme gehen implizit von diesem Ort ‚u n d' aus und kommen dahin (zu diesem ortlosen Ort) zurück."

Evident bleibt damit unweigerlich, daß Heidegger in der Dualität von Sein u n d Zeit befangen blieb und nicht zu der Vereinheitung von Sein-Zeit in der Nicht-Zweiheit von Advaita oder Wie-eins-heit von Ichi-Nyo vorzudringen vermochte, was als Seinserfahrung der gelungenen Meditation des ZaZen in ihrem Erlebnis des Erwachens (oder der Erleuchtung) vorbehalten bleibt. Und dennoch: Mit Heidegger (auch wenn er nichts von Zen-Praxis wußte) unterwegs zum Zen in Nähe und Ferne – das ist und bleibt der eingeschlagene und einverständliche Weg der Denkerin Yoshiko Oshima, die dafür auch im Titel ihres zweiten Buches das Fragezeichen des ersten Buches (Zen – anders denken?) fallenließ.

Was blieb, war der Gedankenstrich: – „mit Heidegger unterwegs zum Zen" – soweit der Einzelne in der Zen-Übung überhaupt mit irgend jemand unterwegs sein kann in der Praxis des Eintretens in die absolute Ausweglosigkeit, das er je nur allein vollziehen kann, in der All-Ein-heit.

Um so schöner, wenn mich Yoshiko Oshima beim Wiedersehen zum Heidegger-Seminar im Sommer 1998 mit einem freudig-lachenden Schlag in den Hara begrüßt, wie gelegentlich unter Zen-

Leuten üblich. „Viel näher dran am Zen sind Sie als ich", sagt sie noch dazu, was ich natürlich genau so lachend quittiere und zugleich abwehre. Aber wie sie es sieht, kann ich ihr nicht verwehren, wie auch nicht die Zen-Sicht zu meinem Buch „Führung und Vorbild, Existential-Aphorismen", das im Titelbild eine Zen-Tuschspur enthält. Und daß die kurzen Sprüche etwas mit der Weisheit der alten Zen-Meister gemeinsam haben könnten, mag durchaus sein.

Jedenfalls haben wir uns auf diese Weise auf dem gemeinsamen Weg des Zen nach mehr als zwanzig Jahren wieder gesehen – wieder erkannt und Zen-gemäß lachend wieder gefunden. So auch im Oktober 1999 bei dem internationalen Kongreß „Geist und Materie" im Japanisch-Deutschen Zentrum in Berlin, wo Frau Oshima aus der Sicht von Heidegger und Zen einen „Schritt zurück?" wagte, wie ihr Vortragsthema lautete.

Willigis Jäger OSB – Kyo-un Roshi

Seit der Gründung im Jahre 1983 steht das Haus St. Benedikt in Würzburg, das zur Benediktinerabtei Münsterschwarzach gehört, unter der spirituellen Leitung von Pater Willigis Jäger OSB, der zuvor seit 1975 für sechs Jahre bei Yamada Koun Roshi in Kamakura Zen übte. Wieder einmal, wie schon zuvor mit dem Sonnenhaus beim Kloster Beuron, zeigten sich die Benediktiner besonders offen auch für neue Arten von Spiritualität, Meditation und Kontemplantion, wie ich es auch selbst in Maria Laach hatte feststellen können. Über die Sanbo Kyodan-Schule in Kamakura wurde oben schon ausführlich berichtet. Aus dem kleinen Faltblatt zum Programm des Hauses St. Benedikt im Jahre 1984 ist mittlerweile ein umfangreiches Kursprogramm von 44 Seiten für 1999 geworden, das auch zusätzliche Informationen über eine Vielzahl verbundener Gruppen in Deutschland, der Schweiz und Österreich enthält.

Im September 1983 erlangte Willigis Jäger die Lehrbefähigung von Yamada Koun Roshi, wie schon zuvor Pater Lassalle, Brigitte

D'Ortschy (inzwischen beide verstorben) und Joan Rieck. Vergessen damit wohl auch der kritische Brief von Koun-An Brigitte D'Ortschy vom Januar 1978 „an ihre lieben Zengefährten" in Kamakura, in dem noch jegliche Art von Veröffentlichung über Zen für die Mitglieder der dortigen Zendo bei Androhung des Ausschlusses verboten wurde. Auch im Mai 1984, als ich eine Zen-Einführung in Würzburg besuchte, war davon nicht mehr die Rede. Dagegen fragte Pater Willigis angelegentlich nach dem „Frankfurter Ring" und dessen Gründer Fritz Kroeger, der bei der Feier zur Verleihung der Lehrerlaubnis in Würzburg mit dabei gewesen war. und unter der Leitung von Francois-Albert Viallet (Soji Enku) kurzzeitig noch eine eigene Zendo eingerichtet hatte. Nach einem kurzen Gedankenaustausch zur „Koan-Lösungs-Olympiade", bei der Pater Willigis mit 600 Lösungen neben Pater Lassalle und vor Pater Johannes Kopp und anderen in Führung lag, fragte er mich unvermittelt: „Und Sie? Woran arbeiten Sie in der Zendo?" An mir – wollte ich eigentlich sagen, sonst hatte ich kein Koan – von der „absoluten Ausweglosigkeit" Hisamatsus abgesehen. „Aha, Sie sitzen einfach" ... „Ja, ich sitze im ZaZen, auch in der Halle grundlos, absichtslos ...", womit sich das Dokusan-Einzelgespräch dann ziemlich rasch beendete.

Inzwischen gibt es noch eine Vielzahl weiterer autorisierter Lehrer aus der Sanbo Kyodan-Schule in Kamakura unter der Leitung von Kubota Akira Ji-un Roshi, der auch am 1. November 1996 Willigis Jäger die weitere Weihe von Inka Shomei mit dem Titel von Kyo-un Roshi verlieh. Den dazugehörigen Roshi-Stab hatte ich schon 1984 in Würzburg bewundern dürfen. Kyo-un Roshi hat nun auch seinerseits eine ganze Reihe von Schülern zur Zen-Lehre ermächtigt. Bei Gelegenheit des Kongresses „Geist und Natur" im Mai 1988 trafen wir uns wieder und Pater Willigis machte mich auf den Fehler in meinem Buch „Japan zwischen Yen und Zen" aufmerksam, wo ich noch nicht zwischen Lehrbefähigung und Inka Shomei unterschieden hatte. Auch ansonsten ergab sich das eine oder andere gute Gespräch über den Zen-Weg, den er einen religiösen, einen sprirituellen Weg der inneren Wandlung und transkonfessionell nannte, womit ich mich voll einverstanden erklären konnte.

Wenn allerdings in einem neueren Papier vom „transreligiösen" Charakter des Zen die Rede ist als Voraussetzung für eine Weltspiritualität, die alle Konfessionen und Weltanschauungen übersteigt, so entstehen gerade dem Auch-Kirchen-Mann und Benediktiner gegenüber doch Bedenken. Wie sagte doch Dürckheim so zutreffend: „Religionen trennen – Religiosität verbindet". Bei der nächsten Wiederbegegnung im September 1998 in Todtmoos zu seinem Vortrag: „Der Alltag als Übung oder das Sakrament des Augenblicks" ergab sich leider keine Gegenheit zum vertiefenden Gespräch. Zwar wurden die Fragen aus dem Auditorium gut beantwortet – mit einer Ausnahme: Das Wort „Liebe" wurde in der Darstellung wohl nicht ganz von ungefähr vermißt, auch wenn es das Thema nur bedingt nahegelegt hätte. Dagegen enthält der Rundbrief 21 von Willigis aus dem Sommer 1999 das Wort „Liebe" nicht weniger als 39 mal (!) auf zwei Din-A4-Seiten, wo er nun die Liebe im Zen und anderen Religionen und Lehren vielfach, eindrücklich und erkenntnistheoretisch thematisiert.

Aber gemeint war in Todtmoos wohl etwas anderes: Dem intellektuell und sachlich absolut einwandfreien Vortrag ermangelte es in der Erscheinung etwas an der Güte (karuna) des Bodhisattva oder auch in der Nachfolge Jesu, wodurch die gläserne Strenge des Zen-Meisters sich in etwas mehr zugängliche Menschlichkeit hätte wandeln können. Vielleicht aber war dafür auch eine gewisse Tagesform oder Nicht-Form verantwortlich, wie sie auch dem Zen-Mann im öffentlichen Vortrag zu eigen sein kann – trotz aller existentiellen Anstrengung und Bemühung um formfreie Gelassenheit. Auch der Humor, den beispielsweise der Zen-Kollege Baker Roshi bei der gleichen Gelegenheit in Todtmoos an den Tag gelegt hatte, wäre hilfreich gewesen zum noch besseren Verständnis des „Sakraments des Augenblicks". Aber auch im alten Japan gab es schon immer strengere und mildere Lehrer, wie es eben die nicht zu vernachlässigende menschliche Natur so mit sich bringt und wovon folgende Zen-Geschichte einen Eindruck geben mag:

Beim Besuch im Zen-Kloster eines für seine milde Menschlichkeit berühmt gewordenen alten Meisters wurde der jüngere, energische Kollege auch zur Zendo geführt, wo sich die Mönche im ZaZen übten.

Da einige von ihnen dabei offensichtlich leicht eingenickt waren, fragte der Jüngere später den älteren Meister, was es denn mit dem erkennbaren Schlaf der müden Mönche im ZaZen auf sich habe. Ja, sagte der Meister, es mag wohl wahr sein, daß der eine oder andere Übende eingenickt sei – aber: „Ein schlafender Buddha ist doch auch ein Buddha – oder?!"

Möglicherweise gibt es auch den Zugang zur Buddhaschaft oder zur Einsicht in die eigene Buddha-Natur, der Wesensschau oder Kensho des Zen, ohne die formelle oder formalistische Wegbereitung der Hierarchie der Koan-Lösungen. Wie immer man dazu stehen mag – und es gibt sicher vielerlei Wege und Schulen auch in der Zen-Lehre –, mit dem Titel seines Buches: „Die Suche nach dem Sinn des Lebens"[24] hat Pater Willigis sicher vielen ernsthaft Suchenden geholfen. „Sein" Haus St. Benedikt hat sich in den mehr als 25 Jahren seiner Existenz zu einem außerordentlich heilsamen und beliebten Ort entwickelt, zu einer Oase der Stille und Ruhe trotz einer schon fast geschäftsmäßig geleiteten Vielzahl von Kursen und Schülern. Vielen Menschen wurde hier ganz praktisch und konkret geholfen in der gemeinsamen Übung von Kontemplation und Meditation auf dem Weg zum eigenen Sein und seinem Sinn.

So wird Pater Willigis auch in „Capital", Heft 3/99 zitiert, daß in seinen Kursen keinem der Manager gesagt wird, was er tun und wie er sich verändern müsse. „Sie haben bei uns die Chance, sich selbst als Personen auf die Ihnen gemäße Weise zu wandeln, und damit auch Ihr Verhalten". Dies glaubt man ihm ebenso wie den dort zitierten Managern, etwa Professor Dr. Erhard Meyer-Galow oder Roland Rapp. Persönlich wurde es mir auch bestätigt von Peter Lintschnig, dem Sprecher der Geschäftsleitung der REWE in Hungen, wo ich früher schon einmal auf Einladung von Gerd Kaiser einen Vortrag gehalten hatte. Was ich allerdings nicht gewußt hatte, war die Tatsache, daß Peter Lintschnig durch mein Buch „Japan zwischen Yen und Zen" zum Zen und zu Pater Willligis Jäger gekommen war – was mich um so mehr freute.

Zentatsu Baker Roshi

Richard Baker Roshi ist Zen-Lehrer in der Linie von Dongshan und Shunryu Suzuki Roshi, dessen Nachfolge im Dharma er nach dessen Tod 1971 antrat. Ähnlich seinem wohl bekannteren Namensvetter, Daisetz Teitaro Suzuki (1870-1966), kam auch Shunryu Suzuki in den Westen, wo er als Zen-Meister der Soto-Richtung ab 1958 in den USA Zen-Center in San Francisco und Tassajara gründete[25]. Richard Baker Roshi leitet in den USA das „Crestone Mountain Zen Center" in Colorado und in Deutschland das Buddhistische Studienzentrum im Johanneshof in Herrischried im Schwarzwald (seit 1997) unter dem Namen GenRinJi.

Es muß schon etwas Besonderes sein um diese Gegend im südlichen Schwarzwald und das Zen, wo Karlfried Graf Dürckheim mit Maria Hippius die existential-psychologische Bildungs- und Begegnungsstätte in Todtmoos-Rütte begründet hatte und auch das Haus St. Benedikt/Würzburg von Pater Willigis Jäger mit dem Sonnenhof in Holzinshaus bei Aitern nahe Todtnau eine Dependance eingerichtet hat als Übungsstätte für Zen und Kontemplation. Nicht zuletzt hat auch Yoshiko Oshima mit ihrer Zen-Akademie in Freiburg in enger Nähe zum Schwarzwald ihren Übungsort gefunden.

Sowohl Willigis Jäger als auch Richard Baker habe ich zuletzt getroffen in Todtmoos im September 1998 bei der Internationalen Tagung des Rütte-Forums für Transpersonale Psychotherapie und Meditation zum Thema „Der Alltag als Übung". Ebenfalls als

Zentatsu Baker Roshi

Referenten waren dort Michael Vetter mit seiner Obertonstimme und Professor Michael von Brück von der Universität München zu hören, der als Religionswissenschaftler auch die Praxis von Yoga und Zen beherrscht und in seinem Vortrag einen Bogen schlug vom Zen und seinen Haiku zu Rainer Maria Rilke und dessen Dichtung, die auf seinem Grabstein bei der Kirche von Raron im Wallis in der Schweiz Koan-gemäß eigenen Ausdruck gefunden hat:

„Rose, oh reiner Widerspruch,
Lust, niemandes Schlaf zu sein
unter so viel Lidern."

Auch der Naturwissenschaftler Rupert Sheldrake war dort zu hören, dessen Buch „Engel – die kosmische Intelligenz"[26] eine neue Beziehung aufzeigt zwischen Wissenschaft und Spiritualität und jenseits des alten mechanistischen Weltbildes. Insbesondere zeigt er, daß der Geist nicht auf das Gehirn beschränkt zu sein braucht („the Mind beyond the Brain"), womit er sich den Zen-gemäßen Thesen von Richard Baker Roshi und dessen neuem Buch „Original Mind – the Practice of Zen in the West" nähert.

Richard Baker hat schon früher mehrfach beim „Frankfurter Ring" vorgetragen, wobei es seinerzeit noch passieren konnte, daß er an seinen Termin erinnert und aus dem Gespräch mit besonders charmanten Damen herausgelöst werden mußte. Mittlerweile wieder verheiratet, teilt er seine Zeit zwischen den USA und Deutschland, wo er allerdings leider immer noch auf den Dolmetscher angewiesen ist, der als sein Schüler nicht nur sprachlich, sondern auch geistig eine intuitiv-verwandte Brücke bildet. Natürlich ist es vorteilhaft, ihm in seiner eigenen Sprache zu begegnen, und er stellt auch sogleich fest: „For sure, I know you!" Tatsächlich waren wir uns auch außerhalb Frankfurts begegnet, wie beispielsweise als Referenten beim Bremer Kongreß „Visionen menschlicher Zukunft" 1994, über den Frank Siepmann als Hausgeber in einem Sammelband im Forum Verlag berichtete. Sein Workshop dort zeichnete sich – wie so oft – durch Unkonventionalität, Humor und Direktheit aus, mit der er auch ohne Umschweife oder Formalismus auf Fragen eingeht. Selbst wenn diese manchmal kritisch sind, weicht er nicht aus oder zurück und sagt mir noch am Abend:

„I appreciated your questions this morning!" So auch in Todtmoos 1998, wo er sich wieder seinem Lieblingsthema, der Geist-Essenz des Zen widmet, die es auch inmitten der westlichen Lebensform des Alltags zu wahren gilt.

Seine Erklärungen dazu sind bildhaft und einleuchtend, und er kommentiert auch spaßhaftig mein Zen-Sitzkissen, das ich zum Workshop aus der Reisetasche hole. Er erzählt dazu, daß er früher einmal zusammen mit seinem Lehrer Suzuki Roshi auf Reisen ein aufblasbares Sitzkissen mitgenommen hatte, aus dem dann leider während der Übung des ZaZen die Luft entwich – und er demonstriert die Geschichte sehr lebensnahe und lautmalerisch zur allgemeinen Freude der Zuhörer!

Fumon S. Nakagawa Roshi

Es war anläßlich der Gründungsversammlung zu einer Europa-Asien-Akademie im Sommer 1997 in Baden-Baden auf Initiative von Nils Grueber, seinerzeit noch deutscher Konsul in Osaka, daß ich Nakagawa Roshi zum ersten Mal persönlich begegnete. Wenig später, bei einem Projekttag im Gästehaus der Universität Frankfurt auf Einladung von Professor Klaus Jork, trafen wir uns wieder, wobei er vormittags das ZaZen einer kleinen Gruppe und nachmittags zusammen mit Dr. Rolf Elberfeld eine philosophische Gesprächsrunde leitete. Diese hatte als Textgrundlage das Shobogenzo von Dogen Zenji, hier insbesondere das erste Buch des Genjokoan. Was dabei überraschend deutlich wurde, war die Tatsache, daß auch das Zen in seinem grundsätzlich nur existentiell zugänglichen Wesen zusätzlich eine intellektuelle Seite hat oder haben kann. Dies wird offenkundig bei einer vertiefenden Beschäftigung gerade mit den Texten von Dogen wie vor allem dem „Shobogenzo", das mittlerweile in zwei (von vier geplanten) Bänden auf Deutsch im Theseus-Verlag vorliegt. Dort erschien auch 1990 die von Herbert Elbrecht herausgegebene Sammlung „Do-

Fumon S. Nakagawa Roshi (Jugend-Bildnis)

gen-Zen – Kleine Schriften der Soto-Schule", die allerdings charakteristischerweise wiederum beginnt mit dem „Fukanzazengi", dem Text über die Praxis des Zazen aus Dogens erster Schrift mit ganz konkreten praktischen Hinweisen für die richtige Sitzhaltung bei der Übung des ZaZen. Wer dabei – wie ich selbst – Schwierigkeiten hat mit dem vollen Lotussitz, der mag sich freuen zu lesen:

„... Du kannst aber auch in halber Verschränkung sitzen: ruhe einfach mit deinem linken Fuß auf deinem rechten Fuß. Lege dann deinen rechten Handrücken auf deinen linken Fuß und deinen linken Handrücken in deine rechte Handoberfläche – beide Daumenspitzen einander berührend. Strecke deinen Körper und sitze aufrecht: richte deinen Scheitel und dein Rückgrat so aus, daß du aufrecht und gerade bist ... Deine Ohren sollten im Lot mit deinen Schultern und deine Nase im Lot mit deinem Nabel sein ... Die Augen sollten richtig offen sein, weder zu weit noch zu eng ... Laß deinen Atem durch deine Nase gehen, schnapp nicht nach Luft und atme ruhig, weder zu lang noch zu kurz, weder zu schwach noch zu kräftig. Körper und Geist so geordnet, richte deinen Oberkörper auf und atme einige Male voll aus. Entspanne innen und außen ... Sicher sitzend, denke Nicht-denken. Wie denkst du Nicht-denken? Nicht-denkend. Dies ist die wahre Kunst des ZaZen."[27]

Abgesehen davon, daß Professor Nagaya diesen Text gelegentlich auch einmal bei einem Sesshin aus dem Japanischen vortrug, entspricht die zentrale Anweisung seinem häufigst wiederholten: „Nase – Nabel – senkrecht!" das alle seine Schüler noch heute im Ohr haben.

Was die bei Theseus verlegten „Kleinen Schriften der Soto-Schule" betrifft, so hat Herbert Elbrecht dort auch Shinichi Hisamatsus „Philosophie des Erwachens" herausgegeben, wofür er bei mir in Weiler eine Original-Kalligraphie des Meisters fotografierte: „Se Kai I Shin" – Erneuerung der Welt oder auch Weltrevolution, „postmodernist" gezeichnet. Solche Art von denkerischer Anstrengung gegenüber dem Zen kam auch auf etwas andere Weise zum Ausdruck in Yoshiko Oshimas erstem Buch: „Zen -anders denken? Zugleich ein Versuch über Zen und Heidegger", wie es oben beschrieben wurde. Von Fumon S. Nakagawa Roshi gibt es mittlerweile auch ein 1997 bei Theseus verlegtes Buch: „Zen – weil wir

Menschen sind". Ohne auf die dort in Einzelheiten nachzulesenden Informationen einzugehen, sei hier nur erwähnt, daß der bereits seit 1979 in Deutschland lebende Meister Mon-san, mittlerweile des Deutschen ausgezeichnet mächtig, offizieller Beauftragter des japanischen Soto-Zen für Deutschland/Europa (Kaikyoshi) ist. Als Abt des Shinryuan-Tempels in Tokyo und Leiter des Daihizan-Fumonji Eisenbuch Zen-Zentrums in Erlbach bei München sowie der Zen-Gemeinschaft Jikishin Kai in München verfügt er nicht nur nominell, sondern kraft einer eindrücklichen Ausstrahlung über die authentische Autorität des langjährig geübten Zen-Mönchs, der 1972 von dem (1996 84jährig verstorbenen) Meister Tokugen Sakai Roshi ordiniert wurde und seine Ausbildung im Eihei-ji erhielt, dem von Dogen gegründeten Hauptkloster des Soto-Zen in Japan.

Sakai Roshi war seinerseits Schüler von Kodo Sawaki Roshi, dem berühmten Wandermönch, der die letzten Jahre seines Lebens (er starb 1965) im Kloster Antai-ji bei Kyoto zubrachte. Dort wurde Kosho Uchiyama Roshi sein Dharma-Nachfolger als Abt, dessen Buch „Weg zum Selbst; Zen-Wirklichkeit" in der Übersetzung vom Francois-A. Viallet 1973 bei O. W. Barth erschien. Auf die Nachfolge von Kodo Sawaki hatte sich auch der früh verstorbene Taisen Deshimaru Roshi in Paris berufen, wo er seit 1967 lebte und ebenfalls als „Beauftragter für Europa" galt. Diese Funktion eines Kaikyoshi in Europa scheint jedoch Nakagawa Roshi mit sehr viel mehr Authentizität zu erfüllen, wie auch aus Hinweisen japanischer Zen-Kreise deutlich wird.

Wenn auch die geplante Asien-Europa-Akademie vorläufig noch nicht existiert, so verdanke ich ihr doch die eindrückliche Begegnung mit einem echten und meisterhaften Zen-Mann, der in Rede und Haltung in Deutschland das vertritt, was er noch bei einigen Großen des Soto-Zen in Japan lernen konnte.

Shido Zen-Zentrum Bremen

(Bernd Joschke = Joshu-Ji = Rei Getsu)

„Wir stellen den Kreis auf den Kopf!" (d. h. entgegen japanischer Praxis nicht im Uhrzeiger-Sinn)

Nach Bremen gibt es bei mir seit den achtziger Jahren verschiedene Beziehungen: zur Angestelltenkammer, zum Bremer Stammtisch von Rolf Voss sowie zum „Kreativen Haus" von Helmut Weyh in Worpswede, wo ich jeweils Vorträge hielt zum Thema Unternehmenskultur bzw. „Japan zwischen Yen und Zen". Zu solcher Gelegenheit wurde ich manchmal am Flughafen oder Bahnhof abgeholt von einem jüngeren Zen-Freund in seinem schwarzen Uralt-Targa Porsche mit rotem Leder, der sehr gut paßte zu seinem mönchisch kurzgeschorenem Haupthaar: Rechtsanwalt Dr. Bernd Joschke, der davon träumte, sein Leben ganz dem Zen zu widmen. Dazu erhielt er 1989 die Weihen der Mönchsordination als Rei Getsu im Myoshin-ji von Oi Saidan Roshi (Rei Seki, Jg. 1915), der von seinem Meister Shikothan Roshi den Namen „Dai-in Kutsu" erhalten hatte, was soviel bedeutet wie: „der im Verborgenen wirkt".

Oi Saidan Roshi bei einer feierlichen Zeremonie im Hoho-ji

Oi Saidan hatte zuvor schon den Rechtsanwaltkollegen Nolting als Rei Shin ordiniert und hat auch sonst einige Schüler in Norddeutschland, die er gelegentlich besucht.

Joschke selbst war seinerseits seit 1989 mehrfach in Japan und Nepal und begleitete auch den Umzug von Oi Saidan vom Tokai-an im Myoshin-ji in Kyoto zum Hoko-ji, einem 1363 gegründeten Tempel des Rinzai-Zen, wo er seit 1991 als Kansho-san oder oberster Abt der Hoko-ji Schule lebt. Ganz unter dem Eindruck dieser Erfahrungen in Japan beschloß Joschke – versehen mit der neuen Mönchsurkunde des Hoko-ji –, sein „weltliches Leben" als Rechtsanwalt zu beenden und nur noch Zen zu üben, zu leben und weiterzugeben. Dafür gründete er in der alten Molkerei in Worpswede eine authentische Sitzhalle (Dojo) mit Tatami-Matten und Zafu-Sitzkissen, in der eine sehr schöne Atmosphäre herrschte, wie ich im Mit-Sitzen beim gemeinsamen ZaZen dort feststellen konnte.

Dennoch hatte ich ein wenig Sorge ob der nun ausschließlichen Zen-Begeisterung meines Freundes Bernd Joschke, dem ich dies auch sagte, denn ich hatte schon an anderer Stelle miterlebt, daß es hierzulande nicht leicht ist, allein von der Meditation für sich und andere leben zu wollen. Zum Glück hatte er auch trotz allem Enthusiasmus seine Zulassung als Rechtsanwalt behalten, so daß er 1996 mit dem Ende des „Worpswede-Experiments" ohne größere Probleme in die Normalität einer anderen Anwaltskanzlei in Bremen zurückkehren konnte.

Dorthin nahm er auch die in Worpswede begründete Aktivität von SHIDO mit, mit der er laut eigener programmatischer Aussage „den Kreis auf den Kopf stellen" will. Nun ist dies natürlich eine fast Zen-Koan gemäße Unmöglichkeit, aber dennoch ist an diesem Shido-Zen-Kreis etwas Besonderes: Er wurde nämlich entgegen dem Uhrzeigersinn gemalt und steht damit für normale japanische Enso-Kreiszeichen (die alle im Uhrzeigersinn gezogen sind) tatsächlich auf dem Kopf – wie übrigens auch jener bereits erwähnte aus dem Pinsel von Graf Dürckheim.

So gibt es auch in dem ausführlichen und jeden Monat neu herausgegebenen Programm von SHIDO neben vielerlei Zen-Kursen, Zen-Classics und Sesshins eine Gruppe „Kopfstand“, wo Zen-Themen auf den Punkt gebracht werden. Das gilt ebenso für den „Dharma-Talk“ einmal im Monat und weiter auf Nachfrage, der dem persönlichen und vertraulichen Austausch über die Verbindung von Lehre und Leben im Alltag dient – ganz ähnlich dem Gedankenaustausch in der FAS- Society in Kyoto. Bei Bedarf gibt es auch eine Zen-Hotline am Telefon, wo schnell gelöscht wird, wenn es brennt. Nicht immer genügt dafür der Schlag mit dem Kyosaku, wie er auch im Hoko-ji in Japan gebraucht wird. Und daß die jüngeren Mönche dort, wenn sie Aufsicht führen, damit ganz und gar nicht zimperlich umgehen, davon spricht Bände ein splitternd geborstener Warnstab an der Wand im Büro von Joshu-Ji zur bleibenden Erinnerung!

Bei uns hier im Westen und seinem Laien-Zen besteht der Warnstab oft aus entsprechenden geistigen Schlägen oder Anregungen. Worum es hier geht, ist die Anleitung zur gelebten Disziplin des Zen für Menschen, die sich nicht auf Zeit ins Kloster zurückziehen können, sondern im Beruf stehen und in weltlichen Beziehungen leben und darin richtig leben wollen und sollen. „Es geht darum, im Alltag – ohne viel über seine Übungen zu sprechen – seine Arbeit anständig zu verrichten, seine Beziehungen möglichst harmonisch zu gestalten und mit den Menschen, die man trifft, gut klar zu kommen“ – so formulierte es Joshu-Ji alias Dr. Bernd Joschke in einem eindrücklichen Vortrag im „Lichtgarten“ in Bremen im September 1993 unter dem schönen Titel: „Zen – Highway to Heaven“.

Mit dem Stichwort „Roshi im Nadelstreifen“ wurde weiter oben schon zitiert aus dem Buch „Zen und Management – der meisterliche Weg“ von Bernd Joschke und Peter Stemmann. Auch wenn die spätere Taschenbuchausgabe auf Wunsch des Verlags unter die irreführende Überschrift „Erfolg durch Zen“ in die Reihe „Business-Training“ gestellt wurde – was im Zen-Sinne unzulässig ist, wo man niemals übt „um zu“, sondern stets nur „an sich“ –, so enthält das Buch doch viele konkrete Anregungen für den beruflichen Alltag, gerade in der Wirtschaft.

Vom meisterlichen Weg des Zen gibt es, erst einmal ernsthaft beschritten, kein Abweichen mehr: Zen ist das Training zur radikalen Selbstverantwortlichkeit – wohin immer man gestellt sei. „Wesentliches Merkmal eines Menschen, der den Zen-Weg geht“, so schreiben die Autoren, „ist, daß er immer eins ist mit sich und der Situation, sei es in der Arbeit, in der Freizeit, beim Sport, in Gesellschaft oder sonst irgendwo. Es hat sich in einem solchen (meisterlichen) Menschen eine innere Atmosphäre entwickelt, die nunmehr nach außen strahlt und die auch in der Außenwelt die Atmosphäre bestimmt ...“ Dann spielt dieses permanente Halblächeln der Weisen um die Mundwinkel (die die Ohren grüßen), was sich vom freundlichen Schmunzeln gelegentlich zum schallenden Lachen entwickeln kann, das unter Zen-Brüdern als solches wohlbekannt und viel geübt ist.

Damit hat wohl der Rechtsanwalt Bernd Joschke und Zen-Mönch Rei Getsu auch sein eigenes Lebensprogramm beschrieben, mit dem er in die Bremer Normalität als Anwalt und Zen-Mann zurückgekehrt ist – mit dem auf seinem Rücken zerbrochenen Kyosaku als Warnhinweis an der Wand. Wenn man noch dazu weiß, daß er bis zu ihrem Tod im Jahre 1998 für einige Jahre als einziger Sohn seine Mutter gepflegt hat, versteht man besser die Widmung seines Buches „Unseren Müttern“ sowie die Kapitelüberschrift „Liebe kennt keinen Rabatt“. Noch persönlicher wird dann die Todesanzeige für die Mutter: „Mein Roshi ist weitergegangen“. – Es war sicherlich ein guter Weg in die Verwandlung, den sie so mit seinem Geleit gehen konnte, das er ihr als treuer Sohn und Zen-Mann gab.

Professor Hanspeter Münch, bildender Künstler

Die Idee, einen Buddha-Freund, Maler und Lehrer in diese Veröffentlichung aufzunehmen, der nur indirekt mit Zen zu tun hat, entstand nicht zuletzt aus seiner letzten Ausstellung im Juni 1999 im Badischen Kunstverein Karlsruhe. Im dazugehörigen Katalog finden sich seine Bilder vielfach und fast unvermittelt in Zusammenhang gestellt mit Zen-Haiku von Ikkyu, Sho-u oder Basho, die er in dem Reclam-Büchlein „Zen und Haiku" von Günter Wohlfart auf meinem Schreibtisch kennengelernt hatte. Professor Günter Wohlfart gehörte wie Thomas Arzt, Professor Klaus Jork, Fumon Nakagawa Roshi, Nils Grueber u. a. zu den Gründungsmitgliedern der Europa-Asien-Akademie, die dann vorläufig doch noch nicht zum Entstehen kam. In dem sehr informativen und ganz im Zen-Sinn formulierten Haiku-Büchlein nennt Wohlfart zu Recht das Haiku – ähnlich dem großen Haiku-Freund Hungerleider – "einen Augenblick, in dem sich eine Ewigkeit präsentiert". Und er erklärt die Stille als den Grundton der dichterischen Rede, das Schweigen als die der Sprache vorausgehende Ver-Dichtung. Zum Verstehen des Sinnzusammenhangs gehören die „Fäden des Schweigens", die das Gewebe eines Textes durchziehen. Mit Heidegger besteht das höchste dichterische Sagen darin, „im Sagen das eigentlich zu Sagende nicht einfach zu verschweigen, sondern es so zu sagen, daß es im Nichtsagen genannt wird"[28] Dichtung versteht, wer ihr Schweigen hört. Der rote Faden der Rede des Dichters ist versponnen mit dem goldenen Faden des Schweigens.

Was hier für den Dichter gesagt ist, gilt natürlich erst recht für den Maler, denn: „Einmal gezeigt ist besser als hundertmal gesagt." Wie der Dichter schweigt, um im Ungesagten das Unsagbare zu sagen, so erkennt man den Meister in der Malerei an dem, was er wegläßt – was er evoziert, ohne es zu zeigen, was er andeutet, ohne es zu deuten, was er in der Offenheit des Unvollendeten der Vollendung in der Ein-Sicht der An-Schauung des Betrachters überläßt.

Ähnlich auch dem Musiker in seiner Komposition folgt der Maler Münch den Klängen, die ihn im Augenblick seiner malerischen Hinwendung zur Leinwand berühren, ihn innerlich beschäftigen: Er horcht in sie hinein. Es sind dann im Ergebnis nicht mehr einzelne Farbtöne, die in Erscheinung treten, sondern die ineinander verdichteten Raum-Klänge, Farbschwingungen, die in ihrer Transparenz den Impuls zur Transzendenz geben. Wie aber kam es zu solcher malerischen Dichte und bildnerischen Ausdruckskraft, wo ist die gezeigte, die gelebte Verbindung zum Zen und seinen Haiku?

Nach vorausgegangenen Studien an der Kunst- und Werkschule Pforzheim (1962/63) und an der Staatlichen Akademie der Bildenden Künste Stuttgart (1963-66) machte Hanspeter Münch sich auf den Weg der Suche nach einem – nach seinem – Meister. Dabei kam er auch zu Alexander Camaro in Berlin, der seiner russischen Herkunft gemäß noch bei Mary Wigman als Tänzer Camarow mitgearbeitet hatte und der nur sieben Schüler in seiner Klasse aufnahm. Darunter war damals auch Renate Waldschmidt, spätere Frau Zürn alias Andrika oder Nila und mittlerweile verwitwete Caddy, mit der ich in der Zeit meiner ersten Ehe gemeinsam das erste Sesshin mit Nagaya 1971 im Kloster Beuron mitgemacht hatte. „Ein Bild, in dem nicht ein Mysterium ist, ist kein Kunstwerk“, hatte Camaro gesagt, und im Zen-Sinne schweigend gab er manchmal seine Kritik im Atelier, wie zum Beispiel vor ihrem großen glühenden Spanien-Bild, das er im dämmerigen Atelier mit einer zur Fackel gerollten und entzündeten Zeitung beleuchtete, ohne ein Wort dazu zu sagen.

Aber trotz geistiger Verwandtschaft war oder wurde Camaro nicht der Lehrer von Hanspeter Münch, der schließlich in Hamburg landete bei Willem Grimm, wo es auch nur ganz wenige Schüler im Atelier gab. Dort blieb er nahezu drei Jahre (1966-69) in enger räumlicher Verbindung zu seinem Meister, dessen Atelier er sogar im Anfang auf der Suche nach einer Bleibe hatte bewohnen dürfen. Die Kritik des älteren Freundes und Lehrers war stets wortkarg und bestand meist nur im Aussortieren all der nicht akzeptierten Blätter. Und dennoch: Ich malte wie ein Verrückter, sagt Münch, bis mich eines Tages der Lehrer in die Hamburger Kunsthalle schickte mit dem Auftrag, mir den zweiten Apfel von links auf dem Bild von Claude Monet anzuschauen. Ein wenig verunsichert, aber folgsam als aufmerksamer Schüler ging er gleich früh am nächsten Tag dorthin und setzte sich wie gebannt vor das Bild. Stunde um Stunde betrachtete er den Apfel, nichts rührte sich. Mitleidsvoll holte sogar der Wärter der Halle sein Vesperbrot, um es mit dem verrückten Besucher zu teilen, der weiter und weiter nur saß und saß und schaute. Und dann, als schon das 17-Uhr-Läuten das Ende der Besuchszeit ankündigte, durchzuckte es ihn plötzlich: Ja, das war es, diese Striche, der Vortrag von Modulation an dem zweiten Apfel waren anders als alle anderen – und beglückt rannte der junge Maler Münch aus der Ausstellung und zurück in sein Atelier. Dort riß er alle seine vorherigen bildnerischen Versuche von der Wand und Staffelei und malte nur den neugewonnenen modulierten Apfel: Ganz besessen vom erfahrenen Erlebnis malte er einen Apfel nach dem anderen, Vasen und Töpfe, immer wieder alles, was körperlich erscheint. Da er wußte, daß der Professor morgens etwa um 9.30 Uhr ins Atelier kommen würde, war er vor 9 Uhr schon wieder dort und wartete, bei seinen Äpfeln und Töpfen. Und als der Meister schließlich kam und sah, lächelte er nur leise und schloß ihn wortlos in seine Arme: Er hatte es! Mit dieser Geste eines alten Zen-Meisters entließ ihn dann auch Grimm aus seiner malerischen Führung, und Münch bemerkte plötzlich, daß außer ihm kein einziger Schüler mehr da war: Der akademische Lehrer hatte seine Emeritierung nur um seinetwillen noch um ein letztes Semester verschoben!

Nun konnte er mit diesem Siegel der Erkenntnis in seine malerische Freiheit entlassen werden, die ihn über Aufenthalte in Frankfurt, London, Florenz (Villa Romana) und Rom (Villa Massimo) schließlich mit Lehrauftrag und Professur an die Hochschule für Gestaltung in Offenbach am Main führte. Zuvor hatte noch einmal eine persönliche Begegnung mit dem Zen stattgefunden bei Dürckheim in Rütte, wo Münch seine ganze Malklasse aus Offenbach für eine Woche im „Hirschen" einquartierte und tagtäglich mit Mal- und Zeichenaufträgen in die Schwarzwald-Natur ausschwärmen ließ. Abgesehen davon, daß er bei dieser Gelegenheit seine jetzige Ehefrau Christine kennenlernte, war auch die Begegnung seiner Malkultur mit dem dortigen therapeutischen Zeichnen der Gräfin Dürckheim, Maria Hippius, so fruchtbar, daß man ihn eigentlich am liebsten zur Mitarbeit in Rütte behalten hätte. Doch in der mittlerweile gewonnenen bildnerischen Freiheit und Ausdruckskraft konnte dies bei aller geistigen Befruchtung keine Entwicklung mehr sein für den nunmehr selbst zur gestalterischen Meisterschaft gelangten Künstler, der selbständig sein und bleiben mußte, um der „Wiedergeburt der Ganzheit" im Ästhetischen zum Durchbruch zu verhelfen, wie er selbst einmal sagte.

„Die größte Verschiedenheit im Äußeren wird zur größten Gleichheit im Inneren", sagt Wassily Kandinsky in „Das Geistige in der Kunst", und: „Die gegenwärtige Kunst spiegelt nicht nur den schon eroberten geistigen Standpunkt ab, sondern sie verkörpert als eine materialisierende Kraft das zur Offenbarung gereifte Geistige". Wenn Hanspeter Münch in seinen neueren großformatigen Bildkörpern den Betrachter an nichts anderes bindet als an das im Bild – wie von selbst- sich ereignende Farbgeschehen, dann entläßt er diesen seinen eigenen Gesetzen der Spontaneität gemäß in die Freiheit der bildhaften Situation und ihrer Wiedergeburt in die Ganzheit, in die situativ wiedergewonnene oder zu gewinnende Einheit der Gegensätze im Ästhetischen, die sich für jeden nur der Lösung des Zen-Koans gemäß in der Einheit der Nicht-Einheitlichkeit ereignen kann.

Tibetischer Buddhismus

Ebenso wie Zen gehört der tibetische Buddhismus als Ausformung des Vajrayana zur Schule des Mahayana oder „Großen Fahrzeugs" – im Gegensatz zum Theravada oder Hinayana des „Kleinen Fahrzeugs", mit dem man nur die eigene, persönliche Vervollkommnung oder Erleuchtung des Arhat sucht. Der Bodhisattva dagegen als der Erleuchtete des Mahayana hat auf das Eingehen ins Nirvana für sich selbst verzichtet, weil es aus „maha karuna", der großen Güte und des Mitgefühls (compassion) für andere heraus auf der Welt noch zu viele unerleuchtete und daher leidende Wesen zu erretten gilt. Dementsprechend lautet – neben der im Zen immer wieder neu zu bekennenden Reue über uranfängliche Gier, Zorn und Unwissenheit – das Gelöbnis des angehenden Bodhisattva:

„Der Menschen sind unendlich viel – wir geloben, sie alle zu retten.
Zerstörender Irrtum ist unerschöpflich,
ihn auszurotten, geloben wir.
Die Lehre der Wahrheit ist unermeßbar – wir geloben,
sie kennenzulernen.
Buddhas Wahrheit ist die höchste – wir geloben,
sie zu vollenden."[29]

Die Wahrheit „vollenden" heißt hier soviel wie ihr im eigenen Ich (Selbst) und in allen Mitmenschen zur Verwirklichung zu verhelfen, so daß „Alles Eins" wird mit und in der gelebten Wahrheit. So versteht man auch unter dem „Zen der Patriarchen" das unmittelbare Erlebnis der über alle Gleichheit und Ungleichheit erhabenen Wahrheit. Daß einem ein solches Erlebnis nicht ohne weiteres von heute auf morgen geschenkt werden kann, liegt an der Schwachheit und Widersprüchlichkeit der menschlichen Person und ihrer Natur, die selbst den Paradoxa der Zen-Koan gemäß angelegt ist. Zwar mag die Perle der Buddha-Natur in uns wie in allen Dingen grundhaft angelegt sein, doch bedarf es nicht unerheblicher existentieller Anstrengung – für die oft ein menschliches Leben nicht ausreichend sein dürfte –, um ihr ans Licht der Gelebtheit zu verhelfen!

Aus dieser Einsicht heraus wird dem Zen-Schüler ein möglichst häufig wiederholtes Üben der Praxis der Zen-Meditation empfohlen. Zur traditionellen Ausbildung eines tibetischen Lama gehört noch heute nicht nur das jahrelange Studium der verschiedenen Disziplinen buddhistischer Philosophie und Meditation, sondern auch die Ableistung einer sogenannten Zurückgezogenheit im traditionellen „Dreijahresretreat", das auch mehrfach wiederholt werden und bis zu zwölf Jahren dauern kann.

So wurde es uns auch noch im Jahr 1998 persönlich bestätigt beim Besuch von Karma Tanpui Acharya Lama, der mit Frau Dr. Schuppert in unser „Buddha-Haus" gekommen war und sich mit mir zusammen für eine kleine Sitzrunde auf dem Zen-Meditationskissen niederließ. Daneben und darüber hinaus stand natürlich die gemeinsame Unterhaltung im Vordergrund, und wir erfuhren, daß seine persönliche „Zurückgezogenheit" sechs Jahre gedauert hatte. In dieser Zeit der Leerung, Belehrung und Übung gibt es absolut keine persönliche Kommunikation außer mit dem Meister-Lama, der den Schüler dazu dreimal am Tag besucht. Auch der Lama für die körperlichen Versorgung kommt dreimal am Tag, so daß es wenigstens nicht Hunger oder Durst zu leiden gilt.

Über die Askese einer solchen Zeit der totalen Zurückgezogenheit kann man sich wohl kaum ein richtiges Bild machen, wo noch dazu drei bis vier Stunden Schlaf das persönlich höchstzulässige Maß darstellen. Im Gegensatz zu anderen Praktizierenden, so erzählte uns der Lama, wollte er auf den hölzernen Stützkasten verzichten, der Kopf und Körper vor dem Herabsinken in der Übermüdung schützen und stützen soll. Statt dessen flocht er sein langgewachsenes Haar zu einem Zopf, den er dann an einem Haken über seinem Meditationssitz befestigte.

Manch westlichem Zen-Jünger mag vor dem Hintergrund solcher lamaistischer Prüfung die eigene Strapaze etwa eines strengen Rohatsu-Sesshin von einer Woche oder auch einer Woche des Doku-Sesshin mit sich allein im Freien auf dem Berg Atago Yama mit einer Schale Reis und zwei Liter Wasser am Tag und ohne jeden

Schlaf – wovon Heinz Anneser berichtete – wesentlich weniger unerträglich erscheinen. Es gilt jedoch darauf hinzuweisen, daß auch die zuerkannte Meisterschaft eines Zen-Roshi in Japan oftmals einer langjährigen vorausgehenden „Zurückgezogenheit" bedarf. Diese hatte beispielsweise im Falle des früheren kriegsfreiwilligen U-Boot-Kommandanten Takashi Hirata (Jg. 1927) bis 1971 nicht weniger als elf Jahre der Schulung in Klausur bei seinem Lehrer Bokuo-son betragen.

Sicher hatte auch der 1935 geborene spätere Mönch Tenzin Gyatso Schulungen ähnlicher Art durchzumachen, seit er als Reinkarnation des 13. Dalai Lama wiedererkannt und 1939 in die geistige Schulung in Lhasa eingeführt worden war. Bereits als kaum Fünfjähriger wurde er offiziell als der 14. Dalai Lama ausgerufen und ihm als Fünfzehnjährigem am 17. November 1950 die volle Staatsgewalt übertragen, nachdem wenig zuvor die Invasion der Chinesen in Tibet begonnen hatte. Zwar versuchte er immer wieder – auch bei Gesprächen in Peking – zur Gewaltlosigkeit aufzurufen, doch blieb ihm vor der endgültigen blutigen Invasion im März 1959 nur die Flucht über die Berge in Richtung Süden, wo er schließlich unter abenteuerlichen Umständen ankam und seitdem in Dharamsala im indischen Exil als das geistige und weltliche Oberhaupt der Tibeter und Träger des Friedensnobelpreises von 1989 lebt.

Viele Reisen führten ihn seitdem immer wieder durch die Welt und insbesondere auch nach Deutschland, wo er in Vorträgen und Gesprächen die Botschaft von Liebe, Frieden und Toleranz verkündet. Dabei sind seine persönlichen Auftritte stets gekennzeichnet von einer großen Menschlichkeit und warmen Herzlichkeit, die der gelebten Logik der Liebe und einer in Sprache und Schweigen dokumentierten Weisheit tief erlebter Spritualität entsprechen. So war es auch bei meiner letzten persönlichen Begegnung mit ihm anläßlich eines Wirtschaftsforums im Juni 1999 in Wiesbaden zum Thema: „Ethik und Wirtschaft", wo er uns für ca. zwei Stunden in Geduld Rede und Antwort stand – unterstützt von Übersetzungen aus dem Tibetischen durch Gyaltsen wie aus dem Englischen. Es war – wie eigentlich immer – eine Freude, die (buddhistisch gesprochen) menschliche Verkörperung des Bodhisattva der Barmherzigkeit, Avalokiteshvara, mitzuerleben in Hören, Sehen, Reden und Lachen. Es ist vor allem dieses Lachen, das voller Humor immer wieder hervorbricht aus der latenten Herzlichkeit des stets um seinen Mund spielenden Weisheits-Lächelns, das seine Gesprächspartner für ihn einnimmt.

Dalai Lama und Peter Zürn im Gespräch

Natürlich gibt es – so sagt er – auch eine säkulare Ethik, denn mit nur religiöser Ethik würde man heute nicht viele Menschen in der Welt erreichen. Das wird schon leichter mit Wilhelm Busch: „Was du nicht willst, das man dir tu', das füg' auch keinem andern zu" – womit er sich voll einverstanden erklärt. Diese „Goldene Regel" besitzt letztlich für alle Religionen und Philosophien der Welt Gültigkeit, und Seine Heiligkeit fügt hinzu: „Ethisch gut ist, was einem selbst und anderen nutzt." Dr. Heiko Lange von der

Goldene Regel

Konfuzius (ca. 551–489 v. Chr.):
„Was du selbst nicht wünschst, das tue auch nicht anderen Menschen an“ (Gespräche 15,23).

Rabbi Hillel (60 v. Chr. – 10 n. Chr.):
„Tue nicht anderen, was du nicht willst, daß sie dir tun“ (Sabbat 31a).

Jesus von Nazareth:
„Alles, was ihr wollt, daß euch die Menschen tun, das tut auch ihr ihnen ebenso“ (Mt 7,12; Lk 6,31).

Islam:
„Keiner von euch ist ein Gläubiger, solange er nicht seinem Bruder wünscht, was er sich selber wünscht“ (40 Hadithe von an-Nawawi 13).

Jainismus:
„Gleichgültigkeit gegenüber weltlichen Dingen sollte der Mensch wandeln und alle Geschöpfe in der Welt behandeln, wie er selbst behandelt sein möchte“ (Sutrakritanga 1.11.33).

Buddhismus:
„Ein Zustand, der nicht angenehm oder erfreulich für mich ist, soll es auch nicht für ihn sein; und ein Zustand, der nicht angenehm oder erfreulich für mich ist, wie kann ich ihn einem anderen zumuten?“ (Samyutta Nikaya V, 353-354.2).

Hinduismus:
„Man sollte sich gegenüber anderen nicht in einer Weise benehmen, die für einen selbst unangenehm ist; das ist das Wesen der Moral“ (Mahabharata XIII, 114.8).

Lufthansa ergänzt, daß es für das ethisch richtige Verhalten nicht auf das WAS, sondern auf das WIE einer Handlung ankommt, und der Dalai Lama sagt: „Making profit is not wrong – but how?!"

Damit sind wir wieder ganz nahe bei dem Zen-Koan, wonach auch der Heilige Geld liebt, es aber einen Weg gibt – DO = der WEG, auf den es ankommt! Dafür muß sich aber auch in der Wirtschaft „Competition" paaren mit „Compassion", und der Dalai geht noch weiter zurück im Zen-Sinn: „Das Bewußtsein kommt aus anfangsloser Zeit" – oder mit Masao Abe: „from beginningless beginning".

In einem anderen Vortrag hatte der Dalai Lama auf die Natur des Geistes als eine Wesenheit von Lichthaftigkeit und Erkenntnis hingewiesen, die es ganz einfach als Bewußtseinsstrom oder -zustand zu beobachten gelte – um den Geist schließlich nach einiger Zeit intensiver Übung so klar erscheinen zu lassen wie reines Wasser.

Im Gegensatz zu so mancher „Erleuchtungssucht" empfiehlt er Güte, Ehrlichkeit, Liebe, heilende Hinwendung und weniger Selbstsucht im täglichen Leben, was von selbst zum Nirvana führen werde. Wenn wir dagegen ständig über das Nirvana nur reden und philosophieren, ohne uns genügend um die tägliche Praxis zu kümmern, so könne uns das nur zu einem sicher etwas sonderbaren Nirvana führen! Nicht vieles konnte angesprochen werden in der kurzen Zeit der Gesprächsrunde mit Seiner Heiligkeit, aber auch in seinem heiteren Schweigen verschmolzen Distanz und Nähe zu der eindrücklichen Wirkung und gewinnenden Ausstrahlung eines wohl wahrhaft meisterlichen Menschen mit Charme, Karma und Charisma.

Zen – ein veränderter Bewußtseinszustand manifestiert sich im EEG

(Professor Wilfried Dimpfel)

Im Oktober 1994 war Professor Wilfried Dimpfel, geschäftsführender Gesellschafter der Pro Science Private Clinic GmbH in Linden bei Gießen, als selbständiger Unternehmer Teilnehmer der von mir geleiteten „Baden-Badener Unternehmergespräche". Mit den von ihm entwickelten Computer-Systemen ist es möglich, das menschliche Gehirn und Zentralnervensystem in verschiedenen Zuständen von Anstrengung, Ruhe, Schlaf etc. auf dem Bildschirm zu beobachten und insbesondere die entsprechenden Wellen und Frequenzen bildhaft farbig darzustellen.

Aus der Diskussion der Möglichkeiten dieser Systeme ergab sich die Frage, ob man nicht auch den Zustand der Zen-Meditation im Bild des Gehirns eines Probanden sichtbar machen könnte, wozu ich mich als interessierte Versuchsperson mit langjähriger praktischer Erfahrung im ZaZen gerne zur Verfügung stellte. Also bekam ich die Art von „Bademütze" mit den angeschlossenen Elektroden übergestülpt und setzte mich zu meiner gewohnten Übung der Zen-Meditation für ca. 15-20 Minuten auf das Sitzkissen. Weil die Wissenschaft immer gerne vergleicht, besuchte ich Professor Dimpfel nach diesem ersten Versuch in Baden-Baden etwa neun Monate später im Juli 1995 zur Wiederholung des Versuchs in seinem Pro Science Institut in Linden.

Was ihn am meisten verblüffte, war die absolute Ähnlichkeit der entstandenen Bilder meines Gehirns in der Zen-Meditation in beiden Fällen, worüber auch ein wissenschaftlicher Bericht angefertigt wurde. Auffällig und auf den Bildern deutlich erkennbar sind die quantitativen und reproduzierbaren EEG-Veränderungen in Form von Erhöhungen der Theta-und Alpha-Leistung des EEG, das jeweils mit Beginn und während der gesamten Meditationsphase gegenüber der vorhergehenden Ruhephase einem deutlichen Anstieg der spektralen Leistungsdichte eben im Theta- und Alpha-Frequenzbereich zeigt. Was dem Wissenschaftler weiter auffiel war, daß der jeweilige Anstieg der EEG-Leistung nicht generalisiert über dem gesamten Kortex auftrat, sondern fronto-temporal akzentuiert war. Die deutlich erkennbare Erhellung im Gehirn trat also überwiegend vorne links auf: Je heller das dort feststellbare „Glühen", desto mehr EEG-Aktivitäten waren vorhanden. Insgesamt also zeigen die Ergebnisse, daß sich der während des ZaZen veränderte psychophysiologische Zustand in deutlichen Veränderungen des Elektroenzephalogramms widerspiegelt. (Für Interessierte sind die Ergebnisse der Untersuchungen auch bildhaft sichtbar im Internet unter http://www.proscience.de)

Die größte Überraschung für den Wissenschaftler bestand in der Tatsache, daß sich in den Computerbildern meines Gehirns im ZaZen zwei normalerweise nicht vereinbare, extrem entgegengesetzte Zustände offenbarten: nämlich höchste geistige Anspannung einerseits – wie sie sonst nur etwa beim Lösen kompliziertester denkerischer Aufgaben feststellbar ist – und gleichzeitig das Bild einer absoluten Entspannung andererseits.

Daß dies zusammengehen konnte, hatte er sich nicht vorstellen können, und so haben seine Bilder den schönen Beweis dafür geliefert: Den Geist in der Versenkung halten und gleichzeitig den Dingen und Aktivitäten des alltäglichen Lebens und ihrer Erledigung zugewandt bleiben – so haben es die Zen-Meister aller Zeiten gefordert. Daß dies in der Koan-Lösungs gemäßen Vereinigung und Vereinheitlichung absoluter Gegensätzlichkeiten möglich ist, zeigen die Bilder vom geübten ZaZen als einer mentalen, konzentrativ-entspannenden Methode, die auch der hergebrachten Empirie entspricht.

Der Autor zwischen „Mu" und „Enso" bei der Übung des Za-Zen

SCHLUSS:

Auf der Spur zum Wege des Erwachens

Was man nur erfahren, erschreiten, erleben kann, das sollte man gar nicht erst zu beschreiben versuchen – womit sich dieses Kapitel eigentlich von selbst schon erledigt hätte. Und dennoch: Auch wenn und wo es keine andere Möglichkeit gibt als die der eigenen Erfahrung, so gilt es doch, dieser vielleicht ein wenig auf die Sprünge zu helfen durch die eine oder andere Anregung. Und selbst wenn die Erleuchtung in nichts anderem besteht als im Erkennen der schon immer vorhandenen Wahrheit, von der wir nie getrennt waren, so sagt doch auch Meister Dogen nach seiner Erleuchtung in bezug auf die uranfängliche Perle der Buddha-Natur: „Auch wenn man ursprünglich Buddha ist – ohne Übung erkennt man es nicht, ohne Erleuchtung erscheint es nicht." „Berg, Fluß, Gras, Baum – alle Dinge haben Buddha-Natur", so hatte Professor Nagaya oft und gerne eine klassische Tuschspur geschrieben.

Jede Erscheinung ist bereits die Offenbarung der Wahrheit, die sich der Mensch jedoch verstellt mit seinem absichtsvollen, an sein Ego gebundenes Denken. Erst mit der Bereitschaft zum „Denken des Nicht-Denkens" (nach Hakuin) entsteht die Potentialität der „Gestalt des Gestaltlosen", die darauf verzichtet, die Wahrheit zu erzeugen, sondern sie in der Erleuchtung als schon immer vorhanden wiederzuentdecken vermag. Es bedarf dazu aber des vollen existentiellen Einsatzes – des Ein-Sitzens – aller Leibeskräfte und Geistesanstrengungen, des Suchens und Anklopfens am „torlosen Tor" (Mumon-kan), das von allem Anfang offen war und alles als bereits vorhanden zeigte, wie man erst in diesem Aufgenblick der Erfahrung erkennt, die Erleuchtung genannt wird. Das „torlose Tor" oder „gateless gate", wie die Sammlung der 48 Koan des Mumon überschrieben ist, das schon von Anfang an nach innen weit offen steht, ist auch der einzige, der weglose Weg in die „absolute Ausweglosigkeit", in die es nach Hisamatsu einzutreten gilt.

Das Auge kann sich nicht selbst sehen, die Hand kann sich nicht selbst ergreifen, das Schwert kann sich nicht selbst schneiden – und das Bewußtsein: Kann es seiner selbst gewahr werden als Subjekt und Objekt der Erkenntnis gleichermaßen? Sich selbst im Selbstgewahrsein auf den Geist einzulassen, so daß der Geist den Geist selbst, also sich selbst als das absolute Subjekt lebendig erfaßt: Das wäre die Erfahrung der absoluten Gegenwart, die unmittelbare Begegnung mit dem Absoluten – die Erleuchtung.

„Erleuchtung", japanisch Satori oder Kensho (Wesensschau), gilt gemeinhin als das Ziel der Zen-Meditation, wenn es denn ein solches aus der Leere von Shunyata, der Raum-Zeit- und Zeichenlosen Leerheit, überhaupt geben dürfte. „Form ist nichts als Leere, Leere ist nichts als Form" lautet die Kernaussage des Mahaprajnaparamita- oder Herz-Sutra. „Erwachen" wäre vielleicht der bessere Ausdruck, auch in der Übersetzung des Sanskrit-Begriffs „Bodhi", womit zugleich die Assoziation vermieden wäre zu einem Lichterlebnis, das sich zwar ergeben kann, aber nicht muß. Erleuchtung wird deshalb auch nicht umschrieben als das Besitzen oder Erhalten von etwas, sondern das Abfallen von Täuschungen, verkehrten Vorstellungen und Anschauungen. Wie hatte doch Nagaya so schön und ein-leuchtend formuliert: „Erleuchtung ist überall, man bemerkt das nur nicht!" Oder, als er den Kreis-Enso für mich mit dem Tuschpinsel vollzog: „... muß mit dem Kosmos eins sein" – mit dem Kosmos, mit sich selbst und den anderen, mit der ganzen jeweiligen Situation eins zu sein, das ist die Forderung, die sich an den Erleuchteten stellt.

Nach Pater Lassalle eignet sich vom Wortsinn her das Verstehen der „Wesensschau" oder „Kensho" viel beser als das „Satori" der Erleuchtung. Es handelt sich nach ihm nicht nur um das Verstehen des Menschseins – auch im eigenen Wesen –, sondern des tiefsten Wesens allen Seins. Um dahin zu kommen, bedarf es der Freiheit des Ich vom Ich, bedarf es der Klarheit des Nicht-Ich (muga), des „großen" Ich oder Selbst, auch „ursprüngliches Selbst" genannt, das jeder Mensch schon immer hat, dessen er sich aber im allgemeinen nicht bewußt ist. Der Augenblick der Klarheit bzw. der „Selbstwesensschau" von Kensho ist der Blick, der frei von mir selbst ist und frei für die Dinge in ihrer Selbstverständlichkeit, das heißt für die Dinge, wie sie als solche so sind. In diesem selbstlosen und vollkommenen Eingehen in die Dinge ergibt sich als Erfahrung der Einheit, des Satori, die Aufhebung der Dualität in der Vereinheitung, der Wie-Eins-heit (ichi nyo) oder Nicht-Zweiheit (advaita), die zugleich die Lösung aller Koans existentiell beinhaltet. Diese Erfahrung entspricht dem Bild eines klaren Spiegels, der alles unmittelbar in seiner So-heit reflektiert, ohne die wechselnden Eindrücke auf seiner existentiell stets leer bleibenden Oberfläche festzuhalten.

Im Shodo-ka, dem berühmten „Gesang vom Erleben der Wahrheit" von dem großen Lehrer Joka, heißt es unter anderem: „... Erst wer das vollendete Nichts erschaut, ist selbst der, der da ist, und darf ‚Frei-Schau' heißen." Frei-Schau oder auch „Ton-Schau" bedeutet soviel wie Kwannon oder Kuan-yin, der japanische bzw. chinesische Name für den Bodhisattva des großen Mitgefühls Avalokiteshvara, der im Zen-Sinne mit den Augen des Herzens hört und mit den Ohren des Seins schaut. Mit dem Herzen hören konnte seinerzeit in der wortlosen Blumen-Predigt des Buddha in Benares, wo er eine Blüte hochhielt, ohne zu sprechen, nur der lächelnde Kashyapa. Von Herz zu Herzen sprechen, mit dem Herzen hören können nur die, die „reinen Herzens sind" – deren Herz völlig entleert ist vom selbstischen Ich und damit Raum hat für Alles und Nichts – und wieder Nichts. Und weil der Mund des überläuft, wes das Herz voll ist, so kann aus der Stille der Fülle des Nichts solch entleerten, reinen Herzens nur das Schweigen kommen, in dem die Wahrheit wohnt.

Wer solcher Art das „vollendete Nichts" erfährt, erfaßt die Wahrheit in unmittelbarer Intuition, frei von aller Vermittlung durch Sinnesorgane und Verstandesdenken – wohl wissend, daß sich das „vollendete Nichts" gleich der „Fülle des Nichts" nach Hisamatsu grundlegend unterscheidet von der Leere eines abstrakten Nichts.

Das vollendete Nichts findet sich durch die Konzentration alles Konkreten. Es ist also nicht leer, sondern durch und durch erfüllt. Es ist das Absolute, die über allen Teilen stehende Ganzheit, die über allen Gegensätzen stehende Vollkommenheit, die über allen Wirkungszusammenhängen stehende Freiheit. Es ist die höchste Wahrheit selbst.

Die Wahrheit entzieht sich der Verfügbarkeit des Habens und eröffnet sich nur der existentiellen Verwirklichung des Seins. Ihre Früchte wachsen nicht am Baum der Erkenntnis, sondern am Baum des Lebens, der allerdings auch potentiell der Baum der Erleuchtung ist. Und im tiefsten Urgrund der Mystik als der Erfahrung des All-Einen verbinden sich die Wurzeln beider Bäume zur Wirklichkeit des einen Ganzen.

Daß der Mensch der Zukunft ein Mystiker, ein Erwachter oder Erleuchteter sein wird, erfahren wir von Willigis Jäger (im „Sakrament des Augenblicks") wie von Pater Lassalle, der die Zen-Erleuchtung mit der „vierten Dimension" des neuen Bewußtseins in Verbindung bringt. Daß es sich dabei um eine Erfahrung ursprünglich geistiger Art handelt, wird von ihm wie von vielen Zen-Leuten bekräftigt. Auch bei solcher Erfahrung gilt es jedoch, nicht stehen zu bleiben, sondern sie tief in sich aufzunehmen, zu integrieren in das je eigene Sein und Werden sowie in die Transpersonalität des alltäglichen Lebens. Erst in der Gelebtheit zeigt sich die Wirkung eines Erleuchtungs-Erlebnisses – wenn es denn eines war. Da wir heutzutage nicht alle ständig zur Prüfung zu einem Meister gehen können, müssen wir uns ständig gegenseitig und selbst prüfen, denn eines ist sicher: Nur ein Erwachter kann einen anderen Erwachten erkennen, – ob anerkannt oder nicht, mit oder ohne Siegel, oder vielleicht bislang nur unerkannt und unverdächtig in der Hülle seiner Alltagsgewänder.

Da mag eine Person Wunder wirken auf dem Gebiet der Religion oder Meditation und täte nicht ihre Pflichten im Alltag – dort wären Zweifel angebracht an der Erleuchtung. Lebensfreude, Offenheit und Ja-Bereitschaft sind kleine, untrügliche Hinweise auf die Anderheit des Bewußtseins, das sich im Soheits-Blick unverstellbar äußert. Wichtige Hinweise ergeben sich auch aus dem Umgang mit Beleidigung oder Kränkung, die zwar weiter wahrgenommen, aber nicht mehr persönlich gespürt wird. Auch für eine Depression ist im Zustand der Erwachtheit kein Platz mehr – und sollte sie sich auf Grund schwierigster Lebensumstände doch noch einstellen, so dürfte sie sich nicht lange halten können. Man denke nur an Ikkyu, dem sich beim Tode seines Kindes das Haiku bildete:

„Oh diese Welt der Tautropfen!
Es mag nur ein Tautropfen gewesen sein,
und dennoch, und dennoch -"

Der Weise lächelt – der Erwachte lacht. Zwar ist die Wahrheit an sich unaussprechlich – doch wer sie wirklich erlebte, für den wird es leicht, sie zu zeigen, sie durch Andeutungen und Hinweise zu umschreiben. Dafür können Worte zwar nur Wegweiser sein auf der Landkarte des Seins, dessen Landschaften individuell erwandert, ergangen, erfahren werden müssen. Was der Buddha selbst dazu gesagt hat, das liest sich so im Lankavatara-Sutra:

„Möge der Jünger sich davor hüten,
sich an Worte zu klammern
in der Meinung, daß
sie ihrem Sinn völlig entsprächen.
Denn die Wahrheit liegt nicht
im Buchstaben beschlossen.
Wenn der Mensch mit dem Finger
auf etwas zeigt, so mag die Fingerspitze
von Einfältigen für das angedeutete Objekt
angesehen werden.
In gleicher Weise sind die
Unwissenden und Toren
wie Kinder nicht fähig,

die Idee aufzugeben,
daß in dem Fingerzeig der Worte
deren ganzer Sinn enthalten sei.
Sie können sich die höhere Wirklichkeit
nicht vorstellen, geschweige denn
in sich verwirklichen,
weil sie sich an Worte klammern,
die doch nicht mehr sein sollten
als ein weisender Finger.
Denn die Wahrheit -
die Wahrheit
liegt jenseits aller Worte.“

Jenseits aller Worte, in der erfüllten und erfühlten Wortlosigkeit des Schweigens – das mit Vimalakirtis Sutra auch einmal ein „donnerndes Schweigen“ sein kann – wird sich im reinen Selbstgewahrsein des echolosen Widerhalls der Fülle des Nichts die Wahrheit unüberhörbar vernehmen lassen. Ob dies dann einem leeren Spiegel gleicht, der einen anderen widerspiegelt, mag hier bildhaftig dahingestellt bleiben, wo uns das Spiegel-Bild schon mehrfach beschäftigte. Dazu wäre auch zu erinnern an das tiefe Wort aus dem Shudensho:

„All die zahllosen, dichtgewebten Erscheinungen,
mitsamt den tausend Erinnerungen und den
zehntausend Gedanken, die du in diesem Augenblicke hast,
sie sind nichts anderes als Bilder im Spiegel deines Geistes.
Nun aber mußt du lernen, auf den Grund und Boden
alles dessen, was im Spiegel ist, zu blicken -
und nicht mehr auf die Bilder, die darin erscheinen.“

Auch die intellektuell vorbildliche Formulierung zur Erleuchtung aus dem Vedanta, die ich Dr. Ulrich Bauhofer vom Parkschlößchen Bad Wildstein verdanke, sei hier der Vollständigkeit halber noch angefügt: „Erleuchtung entsteht, wenn das Bewußtsein sich seiner selbst ohne jeden weiteren Inhalt bewußt wird." Zwar ist diese Aussage auch im Zen-Sinne paradox genug (un-)verständlich, doch fehlt es ihr ein wenig an dem gesuchten Praxisbezug, der wenigstens aus den nur teilweise gesenkten Lidern des ZaZen-Übenden hervorblitzen sollte. So bleibe es denn zum Schluß beim donnernden Lachen und dem Purzelbaum des Pu-hua aus dem 37. Beispiel des Bi-yän-lu, welcher das Zen auch in seiner scheinbaren Verrücktheit so todernst und lebensheiter zugleich macht.

„Enso" = Kreis von Nagaya

1 Jaido und Kendo als Schwertwege, Kyudo als Weg des Bogenschießens, Judo als Ringen, Shodo der Weg der Tuschspuren oder Kalligraphie sowie Chado als Weg der Teezeremonie

2 „Arbeitsdienst“ oder Samu, gehört im Zen zum Klosteralltag, denn: „Ein Tag ohne Arbeit = ein Tag ohne Essen!“

3 Munen muso – ungegenständliche Meditation. Festschrift für Pater Hugo M. Enomiya Lassalle zum 80. Geburtstag. Hrsg. von Günter Stachel. Matthias Grünewald, Mainz 1978

4 Erlinghagen, Helmut: Japan – ein „deutscher Japaner“ über die Japaner. DVA, Stuttgart 1974

5 Einzelgespräch zwischen Meister und Schüler, das dessen Fortschritt zeigen soll

6 „Du selbst bist die Welt – Spiritualität und sozialpolitisches Engagement“. Benziger, Zürich und Düsseldorf 1997; außerdem früherer Bericht über die „Peacemaker Bewegung“ in „Shambhala Sun“, Boulder/Colorado, Ausg. Juli/August 1992

7 Das Zen-Seminar. Ein Leitfaden für Übende und Lehrer. Herder, Wien 1976

8 „Tuschspuren – Bokuseki“. Theseus, Zürich 1985

9 Verfasser von „Zen and Creative Management“. Anchor Books/ Doubleday, New York 1976

10 „Die Fülle des Nichts – vom Wesen des Zen“. Neske, Pfullingen 1975

11 „Philosophie des Erwachens – Satori und Atheismus“, hrsg. von Herbert Elbrecht. Theseus, Zürich-München 1990

12 „Tuschspuren – Bokuseki“. Theseus, Zürich 1985

13 Insel Verlag, Frankfurt 1982

14 „Die Philosophie der Kyoto-Schule: Texte und Einführung“. Karl Alber Verlag, Freiburg-München 1990

15 Joschke, Bernd und Stemmann, Peter: „Zen und Management – der meisterliche Weg“. mvg-Verlag, Landsberg/Lech 1995

16 Verlag Königshausen & Neumann, Würzburg 1998

17 „Die drei Pfeiler des Zen; Lehre – Übung – Erleuchtung“. Rascher Verlag, Zürich-Stuttgart 1969

18 „Die torlose Schranke – Mumonkan“. Kösel Verlag, München 1989

19 „Der Zen-Meister Hakuin Enkaku“. DuMont Verlag, Köln 1989

20 „Worte des Buddha“ – Kalligraphien japanischer Priester der Gegenwart Sammlung Keiko Kono, Abt des Daian-ji, Nara. Hrsg. von Roger Goepper. Museum für Ostasiatische Kunst, Köln 1982

21 Beck-Ohara, Daniel R.: „Heile dieses Herz – Mevlana Cellaleddin Rumi“. Echo Publications, Bern 1996

22 nach dem Buchtitel „Geistestraining durch Achtsamkeit“ von Nyanaponika. Verlag Christiani, Konstanz 1970

23 „Zen – anders denken? Zugleich ein Versuch über Zen und Heidegger“. Verlag Lambert Schneider, Heidelberg 1985. S. 105f.

24 Verlag Via Nova, Petersberg 1997

25 vgl. dazu sein Buch: „Zen-Geist – Anfänger-Geist“. Theseus Verlag, Zürich 1975

26 Fox, Matthew und Sheldrake, Rupert: Engel – die kosmische Intelligenz. Kösel Verlag, München 1998

27 zitiert nach: „Dogen-Zen. Kleine Schriften der Soto-Schule“ von Dogen & Keizan. Theseus Verlag, Zürich-München 1990. S. 104

28 vgl. dazu die bereits mehrfach zitierten Schriften von Yoshiko Oshima über Heidegger und Zen

29 zitiert nach: Ohasama-Faust, „Zen – der lebendige Buddhismus in Japan“. Gotha-Stuttgart 1925. S. 61

Abe, Masao: Zen and Comparative Studies (Part II of „Zen and Western Thought"). University of Hawaii Press, Honolulu 1997

Aitken, Robert: Zen als Lebenspraxis. Diederichs, München 1988

Awakawa, Yasuichi: Die Malerei des Zen-Buddhismus – Pinselstriche des Unendlichen. Verlag Anton Schroll & Co, Wien-München 1970

Baker, Richard: Original Mind – the Practice of Zen in the West.

Thorsons, 1999

Basho: Auf schmalen Pfaden durchs Hinterland. Dieterich, Mainz 1985

Beck-Ohara, Daniel R.: Heile dieses Herz – Mevlana Cellaleddin Rumi. Echo Publications, Bern 1996

Bi-Yän-Lu. Niederschrift von der Smaragdenen Felswand. Übs. u. erl. von Wilhelm Gundert. 3 Bde. Carl Hauser, München 1964-1973

Blätte, Jakob: Hokokuji, Zazen – Tagebuch eines Fremden in Japan.

Sellbstverlag, Tutzing 1982

Brantschen, Niklaus: Du selbst bist die Welt – Spiritualität und sozialpolitisches Engagement. Benziger, Zürich-Düsseldorf 1997

Chao-Hsiu, Chen: Das buddhistische Buch der Liebe. Lübbe, Bergisch-Gladbach 1997

Decaux, Jacques: Livre Zen. Edition Monika Beck, Zweibrücken 1970.

Dogen Zenji: Shobogenzo – Die Schatzkammer der Erkenntnis des wahren Dharma. Theseus, Zürich; Bd. 1: 1977, Bd. 2: 1983

Dogen & Keizan: Dogen-Zen. Kleine Schriften der Soto-Schule. Theseus, Zürich-München 1990

Dürckheim, Karlfried Graf: Japan und die Kultur der Stille. O. W. Barth, Weilheim 1971

ders.: Wunderbare Katze und andere Zen-Texte. Herder, Freiburg 1996

Der Ochs und sein Hirte. Zen-Geschichte aus dem alten China. Erl. von Daizohkutsu R. Ohtsu. Neske, Pfullingen 1958

Duerr, Hans-Peter u. Walther Ch. Zimmerli, Walther Ch., Hrsg.: Geist und Natur. Über den Widerspruch zwischen naturwissenschaftlicher Erkenntnis und philosophischer Welterfahrung. Scherz, Bern-München-Wien 1989

Dumoulin, Heinrich: Zen – Geschichte und Gestalt. Francke, Bern 1959

ders.: Zen im 20. Jahrhundert. Kösel, München 1990

Erlinghagen, Helmut: Japan – ein „deutscher Japaner" über die Japaner. DVA, Stuttgart 1974

Fox, Matthew und Sheldrake, Rupert: Engel – die kosmische Intelligenz. Kösel, München 1998

Fromm, Erich, Suzuki, Daisetz, Teitaro und de Martino, Richard:

Zen-Buddhismus und Psychoanalyse. Suhrkamp, Frankfurt/M. 1974

Groening, Lies: Die lautlose Stimme der einen Hand – Zen-Erfahrungen in einem japanischen Kloster. Econ, Düsseldorf 1983

Goepper, Roger (Hrsg.): Worte des Buddha. Kalligraphien japanischer Priester der Gegenwart. Sammlung Seiko Kono, Abt des Daian-ji, Nara. Museum für Ostasiatische Kunst, Köln 1982

Hauser, Renate: Kreuzweg, in: Capital, Köln 2/1988

Herrigel, Eugen: Zen in der Kunst des Bogenschießens. O. W. Barth, Weilheim, 9.Aufl. 1960

Hisamatsu, Hoseki Shinichi: Die Fülle des Nichts – vom Wesen des Zen. Neske, Pfullingen 1975

ders.: Die fünf Stände von Zen-Meister Tosan Ryokai – Strukturanalyse des Erwachens. Neske, Pfullingen 1980

ders.: Philosophie des Erwachens – Satori und Atheismus. Theseus, Zürich-München 1990

Hungerleider, Fritz: Das Zen-Seminar – ein Leitfaden für Übende und Lehrer. Herder, Wien 1976

Issa: Die letzten Tage meines Vaters. Dieterich, Mainz 1985

Jäger, P. Willigis: Die Suche nach dem Sinn des Lebens. Verlag Via Nova, Petersberg 1997

Joschke, Bernd und Stemmann, Peter: Zen und Management – der meisterliche Weg. mvg-Verlag, Landsberg/Lech 1995

Kapleau, Philip: Die drei Pfeiler des Zen; Lehre – Übung – Erleuchtung. Rascher, Zürich-Stuttgart 1969

Krusche, Dietrich: Haiku. Bedingungen einer lyrischen Gattung. Erdmann, Tübingen-Basel 1970

Lassalle, Hugo M. Enomiya: Zen – Weg zur Erleuchtung. Herder, Wien 1960

ders.: Zen-Unterweisung. Kösel, München 1987

Low, Albert: Zen and Creative Management. Anchor Books/Doubleday, New York 1976

Moser, Franz: Bewußtsein in Beziehungen – die Grundlagen einer holistischen Ethik. Leykam, Graz 1991

Müller, Claudius (Hrsg.): Zen und die Kultur Japans – Klosteralltag in Kyoto. Dietrich Reimer Verlag, Berlin 1993

Munen muso – ungegenständliche Meditation. Festschrift für Pater Hugo M. Enomiya Lassalle zum 80. Geburtstag. Hrsg. von Günter Stachel. Matthias Grünewald, Mainz 1978

Nagaya Roshi, Tetsuo Kiichi: Tuschspuren – Bokuseki. Theseus, Zürich 1985

Nakagawa, Fumon S.: Zen – weil wir Menschen sind. Theseus, Berlin 1997

Nishitani, Keiji: Was ist Religion? Insel Verlag, Frankfurt/M. 1982

Nyanaponika: Geistestraining durch Achtsamkeit. Verlag Christiani, Konstanz 1970

Ohasama, Shueji und Faust, August: Zen – der lebendige Buddhismus in Japan. Gotha, Stuttgart 1925

Ohashi, Ryosuke (Hrsg.): Die Philosophie der Kyoto-Schule – Texte und Einführung. Karl Alber Verlag, Freiburg-München 1990

Oshima, Yoshiko: Nähe und Ferne – mit Heidegger unterwegs zum Zen. Königshausen & Neumann, Würzburg 1998

dies.: Zen – anders denken? Zugleich ein Versuch über Zen und Heidegger. Lambert Schneider, Heidelberg 1985

Ring, Thomas: Existenz und Wesen in kosmologischer Sicht. Aurum, Freiburg 1975

Sborowitz, Arie: Beziehung und Bestimmung – Martin Buber und C. G. Jung. Wissenschaftl. Buchgesellschaft, Darmstadt 1955

ders.: Der leidende Mensch. Wissenschaftl. Buchgesellschaft, Darmstadt 1974

Shibayama, Zenkei: Zu den Quellen des Zen. O. W. Barth, Weilheim 1976

Shore, Jeff: The Source of Zen: Who Transmits What? Lineage and Transmission in Zen-Buddhism. FAS Society Journal, Kyoto 1999

Steinke, Martin (Tao Chün): Der Lebensschlüssel – Bewußtwerden und seine umfassende Kraft. Delp, München 1968

Stürmer, Ernst: Zen – Zauber oder Zucht? Herder, Wien 1973

Suzuki, Daisetz T.: Zen und die Kultur Japans. O. W. Barth, Weilheim 1994

Suzuki, Shunryu: Zen-Geist – Anfänger-Geist. Theseus, Zürich 1975

Takeichi, Akihiro: Das Bild von Mensch und Natur im 21. Jahrhundert. Institut für fundamentale Menschenontologie an der Graduierten-Schule für Menschen- und Umweltforschung, Universität Kyoto 1995

Tanahashi, Kazuaki: Der Zen-Meister Hakuin Enkaku. DuMont, Köln 1989

Towards a European Zen? Report from a symposium in Stockholm, Sept. 1993. Zenvägen/ Henrik Karlsson, Uppsala 1994

Uchiyama, Kosho: Weg zum Selbst; Zen-Wirklichkeit. O. W. Barth, Weilheim 1973

Viallet, Francois-Albert: Zen – Weg zum Anderen. O. W. Barth, Weilheim 1972

Wohlfart, Günter: Zen und Haiku oder Mu in der Kunst, Haikühe zu hüten; nebst anderen Texten für Nichts und wieder Nichts. Reclam, Stuttgart 1997

Yamada, Koun: Die torlose Schranke – Mumonkan. Kösel, München 1989

Zürn, Peter: Ethik im Management. FAZ-Verlag, Frankfurt/M. 2. Aufl. 1991.

ders.: Führung und Vorbild – Existential-Aphorismen. FAZ-Verlag, Frankfurt 1997.

ders.: Japan zwischen Yen und Zen – Vom Geist und Stil der Söhne der Samurai. Verlag Moderne Industrie, Landsberg/Lech 1987

ders.: The way of nowayness, in: FAS Society Journal, Kyoto 1995

Bildnachweis:

S. 9 „Enso“, der Kreis, Tuschspur von Prof. Nagaya

S. 11 „Zen-Garten“, aus dem Veranstaltungsprogramm des „Frankfurter Ring“, Herbst 1974

S. 17 „Enso“, der Kreis, von Karlfried Graf Dürckheim

S. 19 Bronze-Büste von Lassalle, von Frau Th. C. Lieselotte Anschütz-Russwurm

S. 21 Pater Lassalle mit Peter Zürn, fotografiert von Annette Zürn

S. 26 Pia Gyger und Aitken-Roshi anläßlich der Transmissions-Zeremonie im Lassalle-Haus, Bad Schönbrunn, 1996

S. 28 „Zen-Do“, im Lassalle-Haus, fotografiert von Jakob Thür, Bad Schönbrunn, 6313 Edlibach

S. 29 Bernard Glassman mit Teilnehmern am Street-Retreat in New York, aus „Shambhala Sun“, August 1992

S. 31 Prof. Fritz Hungerleider, fotografiert von einem Zen-Schüler

S. 42 Teilnehmer am Sesshin mit Prof. Nagaya im Kloster Beuron, Sommer 1971, fotografiert von von Pater Gregor O.S.B.

S. 45 „Ho – ho – kore – dojo“, Tuschspur von Prof. Nagaya

S. 47 „Gyo – yu – za – ga“, Tuschspur von Prof. Nagaya

S. 50 Philip Kapleau-Roshi, 1972 in Rochester, fotografiert von einem Schüler

S. 53 Renpo Niwa Zenji, Abt des Eihei-ji, entnommen aus „Living Buddhism“, Photo von Graham Harrison

S. 55 Hirata Roshi, entnommen aus: „Zen – Zauber oder Zucht?“ von Ernst Stürmer, Verlag Herder & Co., Wien, 1973, Seite 81

S. 57 „Do“, Tuschspur von Hirata Roshi

S. 59 Prof. Masao Abe mit Karlfried Graf Dürckheim, fotografiert von Peter Zürn

S. 60 Hoseki Shinichi Hisamatsu

S. 65 Seki Yuho Roshi

S. 67 „Kuan Yin“, Tuschbild von Seki Yuho Roshi

S. 68 „Hana – o –ro – sureba – ka – e – ni – mitsu“, Tuschspur von Hirata Roshi

S. 72 Abt Seiko Kono mit Peter Zürn und Gästen zu Besuch bei Boehringer in Ingelheim

S. 75 „Wa“, Harmonie, Tuschspur von Abt Seiko Kono

H

I

J

K

L

M

N

O

P

R

S

René van Osten

I Ging – Das Buch vom Leben

Wegweiser zu einem Leben in Einklang mit den sichtbaren und unsichtbaren Kräften

In diesem Buch werden die die Türen zum Verständnis der 64 Hexagramme geöffnet. Das Kernstück bilden die Texte und Kommentare zu den Hexagrammen. Der von René van Osten gewählte Stil folgt der Tradition tiefer Weisheit und baut zugleich sprachliche Brücken zum 21sten Jahrhundert.
Die dem I Ging innewohnende Welt- und Weitsicht ist von unermeßlicher Tiefe. René van Osten reicht mit diesem Buch all jenen, die den Sprung in höhere Erkenntnisebenen wagen wollen, eine hilfreiche Hand.
Das I Ging kann für sich beanspruchen, in seiner Kraft und Weisheit ebenso bemerkenswert zu sein, wie beispielsweise die Bibel. René van Osten gehört zu den wenigen Menschen, die heute die „Hohe Schule des I Ging" lehren.

ca. 500 Seiten, ISBN 3-89385-336-7
www.windpferd.com

René van Osten (Hrsg.)

I Ging Kalender

Anleitungen und Meditationen für jeden Tag

Dieser Kalender ist ein wahres Kleinod für jeden I Ging-Anwender.
- Jede Woche auf einer Doppelseite
- Jahresvorschau, Monatsübersicht
- Ferientermine
- Wichtige Beiträge
- I-Ging-Autoren und -Forscher
- Tips zum Orakeln
- Beiträge zum tieferen Verständnis
- Tageshexagramme des I Ging
- Einteilung des Tages in günstige und ungünstige Abschnitte

Genau der richtige Kalender für Menschen, die ihr Leben im Einklang mit den universellen Weisheitsgesetzen leben möchten. Gleich, ob das Orakeln, die Einflußnahme auf unsere Zukunft, oder die Kenntnis der Energien von Himmel und Erde im Vordergrund stehen, hier finden sich interessante Beiträge, neue Methoden und viel Spannendes.

ca. 240 Seiten · Format: A6
ISBN 3-89385-341-3
www.windpferd.com

Constanze Heynold

Engel – Liebe ist der Weg

Engel sprechen zu uns, sie haben Botschaften aus der unsichtbaren für die sichtbare Welt, um den Menschen zu helfen und sie zu beschützen

Die Autorin möchte Menschen ermutigen, Engelkräfte in sich und in der Natur wahrzunehmen und ihre Botschaften zu entschlüsseln. – Sie zeigt Wege auf, wie wir mit unseren spirituellen Begleitern in Verbindung treten und ihre heilende und friedvolle Schwingung spüren können. Aufwendig illustriert und liebevoll gestaltet ist dieser Band eine wunderbare Mischung aus einer Fülle von Wissenswertem, vereint mit ganz praktischen Anleitungen für die Begegnung mit Engeln.
Das Buch enthält die Botschaft, daß außer unserer sichtbaren Welt, in der wir leben, noch eine unsichtbare, geistige Welt existiert.

144 Seiten, ISBN 3-89385-283-2
mit vielen farbigen Illustrationen
www.windpferd.com

Sylvia Luetjohann

Sanddorn

Die starke Frucht mit dem heilsamen Öl. Geballte Heilkraft von den Höhen Tibets erobert den Westen. Der Spezialist für die Haut

Viele zufriedene Anwender schätzen Sanddorn als einen hervorragenden einheimischen Vitamin-C-Lieferanten, der sogar die Zitrusfrüchte übertrifft und dabei noch besser verträglich ist. Daß seine zierlichen, orangeroten Beeren ein wahres Kraftpaket mit einem hohen Anteil an heilkräftigem Öl bergen, schafft ihm jedoch erst seit kurzem eine schnell wachsende und begeisterte Anhängerschaft. Begleiten Sie diese uralte Heilpflanze von den Höhen Tibets über die Mongolei in den Westen. Mit bewährten Rezepturen für die tägliche Hautpflege, die die Autorin alle selbst erprobt hat. Ein Buch, das derzeit einen unglaublichen Siegeszug durch die Kennerszene der Naturheilmittel angetreten hat.

112 Seiten, 3-89385-269-7
www.windpferd.com